Echo Show

Das umfassende Handbuch

Anleitung, Einrichtung, Alexa-App,
Skills, Smart Home, Sprachbefehle,
IFTTT, uvm.

Tom Schillerhof

Inhalt

Beleuchtung
Lautsprecher
Steckdosen
Kamera anzeigen
Saugroboter
Smart-Home-Plattform

7. Skills (S. 87)

8. Erweiterte Funktionen (S. 95)

9. Die erweiterte Alexa-Familie (S. 102)

10. Problembehandlung (S. 116)

1. Die Hintergründe von Alexa

Die Technologie der digitalen Spracherkennung wird seit dem Siegeszug der Smartphones Ende der 90er Jahre stetig vorangetrieben. Im Laufe der 2010er Jahre verzeichneten zunächst namhafte Unternehmen wie Apple (Siri, 2011), Windows (Cortana, 2014) und Google (Google Now, 2012) die ersten Erfolge in der Entwicklung der Sprachassistenten, also Computerprogrammen mit künstlicher Intelligenz, die mit menschlichen Sprachanfragen interagieren.

Diese Programme mussten allerdings stets über einen Desktop-PC oder ein Smartphone bedient werden und waren von einer natürlich klingenden, schnellen Unterhaltung noch weit entfernt.

Die Revolution heißt Alexa

Der Durchbruch gelang schließlich Amazon mit dem eigens produzierten und physisch greifbaren Lautsprecher Amazon Echo im Jahr 2015, welcher mit dem digitalen Sprachprogramm Alexa die fortschrittliche Kommunikation mit dem Nutzer auf eine völlig neue Ebene hievte.

Echo wurde von Amazons zuständigem Forschungslabor Lab126 in Silicon Valley unter den Namen "Projekt D" und "Doppler" 4 Jahre lang im Geheimen entwickelt.

Zusammen mit Sprachwissenschaftlern arbeiteten die Entwickler sehr intensiv daran, die Spracherkennung des Geräts zu revolutionieren. Dazu führten sie Tausende interne Tests und wöchentlichen Datenanalysen durch. Im Zuge dieser Entwicklungen schafften sie es, die Latenzzeit – also die Zeit, die die virtuelle Sprachassistentin Alexa benötigt, um eine Frage zu beantworten oder einen Befehl zu verarbeiten – auf 1,5 Sekunden zu drücken. Mit dieser neuen Bestzeit übertraf Echo die Konkurrenz deutlich.

Auch die Sprachqualität von Alexa wurde mehr und mehr einer menschlichen Stimme angepasst und sollte gleichsam responsiv wie dialogorientiert sein.

Erfolg rund um den Globus

Bei der Markteinführung des Echos spiegelte sich der Erfolg des Geräts sowohl in der großen Medienpräsenz als auch in den enormen Absatzzahlen wider. Zwar veröffentlicht Amazon keine offiziellen Verkaufszahlen des Echos, doch deutet alles darauf hin, dass der intelligente Sprachassistent der größte Verkaufshit in der Hardwaregeschichte des Unternehmens ist. Marktforscher gehen davon aus, dass Amazon allein in den USA seit Veröffentlichung über 11 Millionen Einheiten absetzen konnte.

Die Echo-Familie vergrößert sich

Der immense Erfolg wird der Grund dafür sein, warum Amazon seine erfolgreiche Produktpalette weiter ausbaut: Ab Herbst 2017 wurden neben der überarbeiteten Version des Originalmodells mit Echo Plus und Echo Show weitere Geräte der Echo-Familie auf dem deutschen Markt eingeführt, die die große Beliebtheit des Produkts bestätigen und die Erfolgsgeschichte von Amazons digitalem Assistenten mit großer Wahrscheinlichkeit weiterhin fortsetzen werden.

Über den neuen Echo Show

Mit Echo Show besitzen Sie ein Alexa-Gerät einer völlig neuen Generation. Im Innern des Geräts schlummert ein cleverer und vielseitiger Helfer, der Ihnen 24 Stunden am Tag und 7 Tage die Woche zur Verfügung steht. So kann der integrierte Voice Assistant namens Alexa Ihre Lieblingsmusik abspielen, Fragen beantworten, Videoanrufe tätigen sowie Textnachrichten versenden, Begriffe definieren, Hörbücher vorlesen, Nachrichten, Verkehrs- und Wetterinformationen liefern sowie über Sportergebnisse und Spielpläne informieren.

Perfekt für Ihr Smart Home

Echo Show fungiert weiterhin als zentrales Steuerungselement, das sämtliche Smart-Home-Geräte in Ihrem Haushalt auf sich vereinen kann. Wenn Sie über die entsprechende Hardware verfügen, können Sie mit Ihrem Echo Show Ihre smarten Lampen, Kameras, Lichtschalter, Steckdosen, Jalousien oder Thermostate per Sprachbefehl kontrollieren. Und das Beste daran: Durch die permanente Verbindung zu Amazons Datenbank (Cloud), welche stetig aktualisiert und durch die Dienste von Drittanbietern immer umfassender wird, ist Echo Show in der Lage, seine spannenden Serviceleistungen und Möglichkeiten in Ihren heimischen vier Wänden immer weiter auszubauen. Das bedeutet, dass Sie nicht nur ein leistungsstarkes Produkt im Auslieferungszustand bezahlen, sondern gleichzeitig in das investieren, was Ihr Echo Show in den kommenden Jahren an Möglichkeiten bereithalten wird.

Aufgrund der Tatsache, dass bei der Lieferung von Echo Show nur eine Kurzanleitung beiliegt, bleiben allerdings viele Kundenfragen offen. Damit Sie nicht ständig das Internet nach Informationen absuchen müssen, soll Ihnen dieses Buch daher als ideales Nachschlagewerk dienen und Ihnen dabei helfen, Schritt für Schritt alles über die wichtigsten Funktionen von Echo Show zu lernen, um das volle Potenzial des Gerätes auszuschöpfen.

Am Ende soll die Interaktion mit Echo Show Spaß machen und Ihren Alltag durch vielfältige Anwendungsbereiche in gleichem Maße bereichern, wie komfortabler gestalten.

2. Echo Show im Detail

Äußere Details

Bei Amazons **Echo Show** der zweiten Generation handelt es sich um einen rechteckigen Lautsprecher in schwarzer oder weißer Farbe, dessen herausragendes Merkmal ein großflächiges 10-Zoll-HD-Display (256 mm) ist, das über eine Touch-Funktion verfügt.

Auf dem Display erfährt die vollintegrierte Sprachassistentin Alexa eine umfassende visuelle Darstellung. So werden beispielsweise Wetter- und Verkehrsinformationen, Amazon-Videos, To-do-Listen, Rezepte, Termine, aktuelle Nachrichten und Kameras des heimischen Sicherheitssystems einsehbar. Darüber hinaus können auf dem Display Fotos aus Amazons Fotodienst und Songtexte von Amazon Music visualisiert werden.

Außerdem besteht die weitere Innovation von Echo Show darin, dass Sie wichtige Einstellungen nicht länger mittels der externen Alexa-App, sondern direkt auf dem Geräte-Display verwalten können.

Über dem Display ist zentral eine Kamera mit fünf Megapixeln auf der Vorderseite verbaut. Diese kommt bei einem der Hauptfeatures des Geräts ins Spiel – der Videotelefonie. Damit können Sie all jene Kontakte per Sprachbefehl anrufen, die auch ein Produkt der Echo-Reihe besitzen oder die Alexa-App auf ihrem Smartphone oder Tablet installiert haben. Ebenso lassen sich (ohne Videofeature) Kontakte erreichen, die ein Gerät der Echo-Familie und / oder die Alexa-App besitzen.

Während an der Oberseite des Geräts zwei Tasten für die manuelle Lautstärkeregelung zuständig sind, sorgt eine weitere Taste dafür, dass sowohl die Kamera als auch die Mikrofone von Ihnen manuell ein- beziehungsweise ausgeschaltet werden können.

Unter den Tasten befinden sich acht Mikrofone, welche wie die anderen Echo-Modelle auf das Aktivierungswort reagieren und Ihre Sprachbefehle aufnehmen. Wenn Sie Alexa Sprachbefehle erteilen, sehen Sie anstatt eines Lichtrings bei Echo Show eine schmale Leiste auf der Unterseite des Displays, die sich bei Reaktionen entsprechend einfärbt. Dabei werden dieselben Farbschemata dargestellt (blau, orange, rot), die beim Lichtring eines anderen Echos zum Einsatz kommen.

Wie bei Echo Plus, wurde in der zweiten Generation von Echo Show ein ZigBee-Hub verbaut, welcher die direkte Steuerung von Smart-Home-Produkten erlaubt. Mit dem Sprachbefehl "Alexa, suche nach meinen Geräten" beginnt Echo Show damit, sämtliche im Haushalt befindlichen smarten Geräte aufzuspüren, welche ohne weiteres Zutun des Nutzers eingebunden und per Sprachbefehl von Alexa gesteuert werden können.

Weiterhin bietet Echo Show mit zwei 56-mm-Lautsprechern mit je 10 Watt und einem passiven Bassradiator Klangqualität in Stereo.

Echo Show misst 246 x 174 x 107 Millimeter und wiegt 1,75 Kilogramm. Im Innern des Lautsprechers arbeitet ein Intel Atom x5-Z8350 Prozessor.

Echo Show wurde in den USA am 28. Juni 2017 veröffentlicht. Der Preis für das Gerät beträgt rund 230 Dollar und ist damit 50 Dollar teurer als das erste Echo-Modell. Bei einer Bestellung von zwei Geräten winkt Amazon mit einem Preisrabatt von 100 Dollar.

In Deutschland wurde die erste Gerätegeneration am 16. November 2017 für einen Preis von rund 220 Euro auf den Markt gebracht.

Im Lieferumfang enthalten

Dem Karton liegen ein Echo Show, ein Netzteil (21 W), ein

Kabel (1,8 m) und eine Kurzanleitung bei. Ein Akku ist bei Echo Show nicht integriert, sodass Ihr Gerät generell auf eine Steckdose angewiesen ist.

Technische Details

Maße / Gewicht
246 x 174 x 107 mm / 1755 Gramm.

WLAN-Verbindung
Echo Show ist mit Dualband-WLAN ausgestattet, das mit seinen zwei Antennen (MIMO) den Nutzen mehrerer paralleler Datenströme zu Verbesserung der Verbindung und deren Beschleunigung erlaubt. Unterstützt werden WLAN-Netzwerke mit den Standards 802.11a/b/g/n. Verbindungen zu ad-hoc- oder Peer-to-Peer-WLAN-Netzwerken sind nicht möglich.

Bluetoothverbindung
Unterstützt Advanced Audio Distribution Profile (A2DP) für Audiostreaming von Mobilgeräten auf Amazon Echo und Audio/Video Remote Control Profile (AVRCP) zur Sprachsteuerung von verbundenen Mobilgeräten. Sprachsteuerung wird auf Mac OS X-Geräten nicht unterstützt.

Audio
Duale 56 mm-Stereolautsprecher mit je 10 Watt.

Systemanforderungen
Echo Show muss mit Ihrem WLAN verbunden werden. Die begleitende Alexa-App ist kompatibel mit Fire OS-, Android- und iOS-Geräten und über Ihren Desktop-PC zugänglich. Bestimmte Skills und Dienste unterliegen Änderungen, sind möglicherweise nicht außerhalb Deutschlands verfügbar

oder erfordern ein zusätzliches Abonnement oder Gebühren.

Energieverbrauch

1. Wenn Ihr Echo Show mit einer Stromquelle verbunden ist und sowohl die Mikrofone als auch die Kamera aktiviert sind, beträgt der Energieverbrauch ca. 2,65 Watt.

2. Um beim Echo Show einen niedrigen Verbrauch (Aus-Zustand) von rund 0,17 Watt zu erreichen, halten Sie die Aktionstaste gedrückt und betätigen zweimal die Mikrofontaste.

Fazit: Würde man in der Theorie Echo Show für ein Jahr lang ununterbrochen im vollständig aktivierten Stand-by-Betrieb belassen, käme man auf 34,94 Kilowattstunden pro Jahr. Rechnet man mit einem Strompreis von 0,28 Euro pro Kilowattstunde, würden die Stromkosten von Echo Show im Jahr 9,78 Euro betragen.

Praktisches Zubehör (Auswahl)

Mobile Ladestationen
Die separat erhältlichen Powerbanks von Drittanbietern sorgen dafür, dass Echo Show 5 via Micro-USB-Anschluss auch mobil genutzt werden kann. Zu nennen wäre die Powerbank von Yacikos für rund 26 Euro, die mit einer Kapazität von 25800 mAh ausgestattet ist und damit eine mehrstündige Akkulaufzeit für Ihren smarten Assistenten garantiert. Die genaue Akkulaufzeit richtet sich nach der Verwendung Ihres Geräts.

Sprachfernbedienung
Mit der optionalen Bluetooth-Sprachfernbedienung von

Amazon können Sie ohne Aktivierungswort auf Ihren Echo Show zugreifen. Die Fernbedienung ist im Amazon-Shop für 24,99 Euro erhältlich und funktioniert sowohl für alle Echo-Geräte, aber jeweils nur für ein Gerät gleichzeitig. Damit Sie nicht in größeren Räumen über weite Distanzen nach Alexa rufen müssen, verfügt die Fernbedienung über ein integriertes Mikrofon, das Sie auf Knopfdruck aktivieren. Außerdem können Sie damit die Wiedergabe von Echo Show lauter- oder leiser stellen, pausieren, zurück- und weiterschalten. Sie können mit der Fernbedienung sogar auf Echo Show zugreifen, wenn dessen Mikrofone ausgestellt sind.

Displayschutzhüllen
Speziell für Echo Show werden Displayschutzhüllen angeboten, die exakt auf den Bildschirm zugeschnitten sind und das Gerät vor Kratzern, Flecken und Schmutz schützen sollen.
Zu nennen wären beispielsweise die Displayschutzfolien der Firma atFolix, welche im Zweierpack inklusive Reinigungstuch und Staubentferner für circa 11,39 Euro ausgeliefert werden.

Ständer
Indem Sie Ihren Echo Show auf einen rutschfesten Ständer setzen, sorgen Sie dafür, dass Ihr Gerät sicheren Halt bekommt und Ihrem Sichtwinkel perfekt angepasst werden kann. Von Amazon wird solch ein verstellbarer Ständer für 34,99 Euro in schwarzer Farbe angeboten.

3. Die ersten Schritte

Echo Show einrichten

1. Amazon hat seine Echo-Geräte so nutzerfreundlich konzipiert, dass die manuelle Einrichtung innerhalb weniger Minuten erledigt sein sollte.
Nachdem Sie Ihr Gerät aus der Verpackung geholt und die Displayschutzfolie entfernt haben, suchen Sie sich einen passenden Aufstellplatz aus. Achten Sie darauf, dass Ihr Echo Show mindestens 20 cm Abstand von Wänden, Fenstern und anderen elektronischen Geräten einnimmt, um möglichen Interferenzen aus dem Weg zu gehen. Danach müssen Sie das Gerät zur Inbetriebnahme via Kabel mit einer Stromquelle verbinden.

2. Nun gilt es, per Touch-Funktion eine passende Sprache auszuwählen und Echo Show mit Ihrem WLAN-Anschluss zu verbinden. Wählen Sie dazu Ihr WLAN-Netzwerk aus und geben Sie Ihr persönliches Passwort ein.

3. Wählen Sie die passende Zeitzone aus und laden Sie im nächsten Schritt die Alexa-App kostenlos in einem App Store herunter. Die Alexa-App finden Sie beispielsweise im Amazon App Store, bei Google Play oder im Apple App Store. Geben Sie dort einfach "Alexa App" oder "Echo App" als Suchbegriff ein.
Die Alexa-App können Sie entweder auf Ihrem Smartphone, Ihrem Tablet oder Ihrem Computer installieren. Um die App ausführen zu können, müssen folgende Betriebssysteme gewährleistet sein:

1. Fire OS 3.0 oder besser.
2. Android 5.0 oder besser.

3. iOS 9.0 oder besser.
4. Webbrowser wie Google Chrome, Mozilla Firefox, Apple Safari, Microsoft Edge oder Internet Explorer 10 für Ihren Desktop-PC.

Nicht unterstützt werden Kindle Fire der 1. und 2. Generation, das Kindle Fire HD 7" der 2. Generation und das Kindle Fire HD 8.9" der 2. Generation.
Nach dem Herunterladen loggen Sie sich mit Ihrem persönlichen Amazon-Account ein.

4. Folgen Sie den weiteren Anweisungen. Im Laufe dieses Prozesses wird Sie Echo Show begrüßen und die neuesten Aktualisierungen für das Gerät automatisch herunterladen.

5. Bei Bedarf können Sie zum Schluss auf dem Display ein Beispiel-Video abspielen lassen, welches Ihnen erste Orientierungshilfe anbietet und grundlegende Informationen über Ihren Echo Show liefert.

6. Ihr Echo Show ist damit erfolgreich installiert und wartet auf den ersten Einsatz.

Das Aktivierungswort

Zu Beginn einer jeden Sprachinstruktion muss standardgemäß das Aktivierungswort genannt werden, damit Alexa reagiert. Sie müssen dabei nicht warten, bis Echo Show mit einem Leuchten auf das Aktivierungswort antwortet. Sprechen Sie einfach das Wort und den jeweiligen Befehl flüssig hintereinander aus, ganz so, als würden Sie sich mit einer Person im gleichen Raum unterhalten.
Sie können Echo alternativ so einstellen, dass er mit einem

kurzen Signal auf das Aktivierungswort und Ihre Aufforderung reagiert. Rufen Sie dazu unter **Einstellungen** Ihren **Gerätenamen** auf und aktivieren Sie bei **Töne** den **Aktivierungston**, den **Endton** oder beide gleichzeitig. In der Alexa-App können Sie ebenso das Aktivierungswort jederzeit umstellen. Öffnen Sie dafür die **Startseite** Ihrer App, wählen **Einstellungen** aus, rufen unter **Alexa-Geräte** Ihren angemeldeten Echo Show auf und klicken auf **Aktivierungswort**.

Dort können Sie zwischen vier Alternativen – "Alexa", "Amazon", "Echo" und "Computer" – auswählen. Nachdem Sie Ihre Entscheidung abgespeichert haben, benötigt Echo dann ein paar Sekunden, um das neue Aktivierungswort einzurichten.

Eine Technologie, die begeistert

Echo Show ist mit acht Hochpräzisionsmikrofonen ausgestattet. Sogar wenn Musik gespielt wird oder Sie sich im Raum nebenan aufhalten, kann Echo Show aufgrund des feinen Geräuschfilters Ihre Stimme deutlich vernehmen. Sobald das Aktivierungswort in Reichweite erklingt, wird die untere LED-Leiste des Echos aktiviert und verfärbt sich blau. Dies signalisiert, dass Ihr Echo Show nun für Ihre Sprachbefehle bereit ist.

Ihre Anweisungen werden so schnell wie möglich ausgewertet und die passende Antwort über den Lautsprecher des Sprachassistenten wiedergegeben.

Die aktuelle Verkaufsversion von Echo Show ist als Audioschnittstelle mit einer Vielzahl von Internetdiensten verbunden und sammelt Informationen in einer zentralen Datenbank, der **Cloud**. Diese wird automatisch und ganz nebenbei aktualisiert, ohne dass Sie manuell eingreifen müssen.

Dadurch wachsen die Interaktionsmöglichkeiten Ihres Echos

kontinuierlich an und werden immer vielfältiger. Man kann also sagen, dass Ihr Echo Show mit der Zeit immer mehr "dazulernt".

All Ihre Fragen und Befehle werden in der Cloud sowie auf der Startseite der Alexa-App dokumentiert.

Die abgespeicherten Anfragen können mit Hilfe des Bing-Browsers von dort auf externen Internetseiten noch weiter vertieft werden. Ein Wechsel des Browsers ist derzeit nicht möglich.

Die Farben der LED-Leiste

Wenn Sie Ihren Echo Show mit einer Strom- sowie einer Internetquelle verbunden haben, schaltet das Gerät die Mikrofone ein und wartet auf seinen Einsatz. Obwohl Echo also aktiv ist, bleibt die LED-Leiste dabei inaktiv. Erst dann, wenn Sie mit dem Echo interagieren, verändert sich die Farbe der Leiste.

Die LED-Leiste leuchtet ...

... **blau**, wenn Sie Ihren Echo Show mit dem Codewort ansprechen und einen Sprachbefehl äußern (Aktiv).

... in schnell wechselnden **Blautönen**, wenn Echo Show Ihren Sprachbefehl verarbeitet (Prozess).

... **hellblau**, wenn Echo Show eine Antwort gibt (Reaktion).

... **orange**, wenn Echo Show Verbindungsprobleme mit dem WLAN hat.

... **weiß**, wenn Sie die Lautstärke ändern (manuell oder per Sprachbefehl).

... **rot**, wenn Sie die Mikrofontaste gedrückt und damit die Mikrofone von Echo Show deaktiviert haben (Mute).

... **violett**, wenn die Option **Bitte nicht stören** eingeschaltet ist.

... **gelb**, wenn eine Nachricht für Sie vorliegt.

... **grün**, wenn Sie einen Anruf oder ein Drop In empfangen.

... **nicht**, wenn Echo Show aktiv ist und für Ihre Sprachbefehle bereit ist.

Die Möglichkeiten von Alexa

Die zentrale Datenbank ermöglicht es Alexa, so viele Fragen wie möglich korrekt und schnell zu beantworten. Die Themengebiete, die Alexa also beherrschen muss, sind dabei so vielfältig wie das alltägliche Leben selbst. Wer also wissen will, wie das Wetter an einem bestimmten Tag in einer beliebigen Stadt sein wird, wie die aktuellen Sportergebnisse ausfallen, was verkehrsmäßig auf den Straßen los ist oder welche Musikgruppe wann welches Album veröffentlicht hat, kann es von Alexa erfahren.
Im Alltag ist besonders die Fähigkeit des Echos, eine Einkaufsliste zu erstellen, äußerst beliebt, vor allem für Großfamilien. Schließlich kann jedes Familienmitglied im Laufe der Woche seine persönlichen Wunschprodukte von Echo auf die Liste setzen lassen, sodass derjenige, der am Ende einkaufen geht, genau weiß, was er mitbringen muss.
Darüber hinaus ist Alexa ein wandelndes Lexikon und hervorragend dafür geeignet, Wörter zu buchstabieren und zu definieren. Amazons Sprachassistent kann mittlerweile

seine Informationen auch direkt von Wikipedia beziehen. Dafür muss man das Wort "Wikipedia" einfach vor den Sprachbefehl setzen. Beispiel: "Alexa, Wikipedia: Edgar Allan Poe". Alexa wird daraufhin nicht den ganzen Artikel vorlesen, sondern in der Regel nur den ersten Paragraphen.

Das Umrechnen von mathematischen Einheiten sowie Addition, Subtraktion, Multiplikation, Division, Wurzel- und Faktor-Rechnung beherrscht Alexa bereits zum jetzigen Zeitpunkt. Allerdings bearbeitet Alexa immer nur eine einfache Gleichung auf einmal, also bspw. 7 + 5, und keine langen Rechenketten wie (8 – 2) x 32 : 7.

Sprachbefehle für Alexa

An dieser Stelle finden Sie eine Auswahl an Fragen und Befehlen, mit denen Sie Alexa anleiten können:

Fragen: **Alexa ...**

... wie ist das Wetter in Berlin?
... welches Datum ist heute?
... wird es morgen regnen?
... wie ist der Verkehr?
... wer ist Angela Merkel?
... wie lautet die Hauptstadt von Frankreich?
... was ist aktuell in den Nachrichten?
... wie lauten die Fußballergebnisse?
... was für ein Lied spielst du gerade?
... was steht für morgen in meinem Kalender?
... wie groß ist Michael Jordan?
... was ist ein Haiku?
... was sind 5 Meilen in Kilometern?
... was ist die Währung in Norwegen?
... wie heißt der Regisseur des Films "Der Pate"?
... wie alt ist Robert Smith von der Band "The Cure"?

... wie heißt das erste Album von "Joy Division"?
... wann ist Ostern dieses Jahr?
... wie weit ist die Sonne von der Erde entfernt?
... wie hoch ist die Zugspitze?
... wann sind Herbstferien in Hessen?
... wie weit ist Salzburg von Wien entfernt?
... wie viele Kalorien hat ein Apfel?
... wie hat der FC Bayern gespielt?
... wann spielt Schalke 04 als nächstes?

Befehle: **Alexa ...**

... spiel meine Playlist ab.
... lies mein Hörbuch vor.
... schlag mir einen Skill vor.
... setze Reifen wechseln auf meine To-do-Liste.
... füge Butter meiner Einkaufsliste hinzu.
... füge Arzttermin auf meinem Kalender hinzu.
... definiere das Wort "Hydraulik".
... spiele den Radiosender (Name).
... rechne 25 Grad Celsius in Fahrenheit um.
... erzähle einen Witz.
... überrasche mich.
... begrüß meine Gäste.
... setze den Timer auf 10 Sekunden.
... stell den Wecker auf 7 Uhr.

Anmerkung: Wenn Sie den Sprachbefehl "Alexa, guten Morgen" verwenden, erhalten Sie jeden Tag eine neue Antwort, die sich für gewöhnlich auf das aktuelle Datum bezieht und beispielsweise den Geburtstag einer berühmten Person oder ein bestimmtes Event thematisiert.

Spezielle Befehle für Echo Show

Alexa ...

... Startseite.
... rufe die Startseite auf.
... rufe Einstellungen auf.
... scrolle nach oben / unten.
... Pause / Fortsetzen / Weiter / Zurück / Zurückspulen / Spule (Minuten / Sekunden) zurück / vor.

Lokale Befehle

Wetter

Befehle: **Alexa ...**

... wie ist das Wetter?
... wie ist das Wetter in Köln?
... wie wird das Wetter am Wochenende?
... wird es morgen regnen?
... scheint am Mittwoch die Sonne?
... wie wird diese Woche das Wetter in Lübeck?

Geschäfte in Ihrer Nähe

Befehle: **Alexa ...**

... welches chinesische Restaurant gibt es in der Nähe?
... welche Bäckerei ist in der Nähe?
... finde eine Eisdiele in der Nähe.
... suche die Adresse einer Apotheke in der Nähe.
... suche die Öffnungszeiten eines Supermarkts in der Nähe.

Kinoprogramm

Befehle: **Alexa ...**

... welche Filme laufen gerade?
... welche Filme laufen zwischen (Zeitrahmen)?
... wann läuft der Film (Filmtitel)?
... welche Filme laufen heute in (Name des Ortes)?
... welche Filme werden am Wochenende im (Name des Kinos) gespielt?
... welche Komödien laufen morgen im Kino?

Sie können Alexa natürlich noch viel mehr fragen und auftragen. Ihrer Fantasie sind dabei keine Grenzen gesetzt. Die Entwickler von Amazon Echo haben bei der Programmierung ebenfalls darauf geachtet, Alexas Persönlichkeit mit einer Prise Humor zu versehen. Die folgenden Befehle beweisen es:

Kulturelle Referenzen

... Sein oder Nichtsein?
... was sagt der Fuchs? (*Ylvis – The Fox*)
... beam mich hoch. (*Star Trek*)
... Tee. Earl Grey. Heiß. (*Star Trek*)
... lebe lang und in Frieden. (*Star Trek*)
... sprichst du klingonisch? (*Star Trek*)
... Widerstand ist zwecklos! (*Star Trek*)
... welche Sternzeit haben wir? (*Star Trek*)
... wer hat zuerst geschossen? (*Star Wars*)
... ich bin dein Vater. (*Star Wars*)
... möge die Macht mit dir sein. (*Star Wars*)
... nutze die Macht. (*Star Wars*)
... das ist kein Mond. (*Star Wars*)
... sprich wie Yoda. (*Star Wars*)

... was ist der Sinn des Lebens? (*Per Anhalter durch die Galaxis*)

... wer ist die Schönste im ganzen Land?

... wer hat in meinem Bettchen geschlafen?

... mein Name ist Inigo Montoya.

... der Winter naht. (*Game of Thrones*)

... was weiß Jon Snow? (*Game of Thrones*)

... was ist die erste Regel des Fight Clubs? (*Fight Club*)

... warum liegt hier eigentlich Stroh?

... bist du HAL? (*2001 – Odyssee im Weltraum*)

... bist du Skynet? (*Terminator*)

... kennst du GlaDOS? (*Portal*)

... wo ist Chuck Norris?

... erzähle einen Chuck-Norris-Witz.

... leben wir in der Matrix? (*Matrix*)

... Beetlejuice, Beetlejuice, Beetlejuice! (*Beetlejuice*)

... sprich Freund und tritt ein. (*Herr der Ringe*)

... wer, wie, was.

... 99 Luftballons.

... Superkalifragilistischexpialigetisch. (*Mary Poppins*)

... sag mir die Wahrheit.

... Mahna, Mahna.

... hoch auf dem gelben Wagen.

... hello, it's me. (*Adele*)

... wo ist Walter?

... lass dein Haar herunter.

... alle Menschen müssen sterben.

... Rosen sind rot.

... was ist die erste Lektion des Schwertkampfes?

... deine Mutter war ein Hamster.

... wann wird's mal wieder richtig Sommer?

... spiel mir das Lied vom Tod.

Allgemeines

... Test 1,2,3.
... mach mir ein Sandwich.
... hast du neue Fähigkeiten?
... jodle mal.
... sag ein langes Wort.
... wo kommen die Babys her?
... gibt es UFOs?
... gibt es Elfen?
... was ist Pi? (Endlosantwort)
... wer ist der Gegner von Deutschland?
... was ist die einsamste Zahl?
... deine Mudda.
... Party-Time!
... mache eine Rückwärtsrolle.
... bring mich zu deinem Anführer.
... was sagt eine Katze?
... wie macht die Kuh?
... wie heißt das Zauberwort?
... wie lang ist der menschliche Darm?
... warum ist die Banane krumm?
... gibt es den Weihnachtsmann?
... als was verkleidest du dich an Halloween?
... erzähl mir etwas über Pferde.
... Selbstzerstörung.
... wer ist der Mörder?
... blöde Kuh.
... du bist gefeuert.
... ich hasse dich.
... bis gleich.
... Mahlzeit.
... ick bin ein Berliner.
... hast du mal Feuer?
... was ist dein Problem?

... gib mir Tiernamen.

... noch so ein Spruch – Kieferbruch!

... noch so ein Gag – Zähne weg!

... noch so ein Ding – Augenring!

... du musst noch viel lernen.

... du bist im Fernsehen.

... du bist in der Werbung.

... Palim, Palim.

... was ist das Beste im Leben?

... und sonst so?

... wo sind meine Schlüssel?

... mach den Abwasch.

... was soll ich heute anziehen?

... was ist Liebe?

... gib mir fünf.

... haben Blondinen mehr Spaß?

... hatschi.

... ich bin krank.

... ich bin müde.

... ich bin einsam.

... ich bin betrunken.

... ich bin depressiv.

... mir ist langweilig.

... mir ist heiß.

... ich muss aufs Klo.

... gib mir Tiernamen.

... keine Panik.

... können Schweine fliegen?

... gute Nacht.

... Tschüssikowski.

Persönliches über Alexa

... stell dich mal vor.

... bist du Single?

... hast du einen Freund?

... hast du einen Job?

... hast du Geschwister?

... was denkst du über Apple?

... was denkst du über Siri?

... hast du einen Nachnamen?

... hast du meine E-Mail bekommen?

... hast du Haustiere?

... wo ist dein Körper?

... bist du böse?

... bist du schön?

... bist du ein Vampir?

... bist du ein Nerd?

... kannst du singen?

... kannst du niesen?

... kannst du lügen?

... kannst du bügeln?

... kannst du mir Geld geben?

... kannst du rückwärts sprechen?

... wer ist dein/e Vater/Mutter?

... wer ist dein Chef?

... wer ist dein Lieblingsschauspieler?

... wie viel verdienst du?

... nimmst du Drogen?

... trinkst du Alkohol?

... bist du intelligent?

... bist du verliebt?

... magst du Fußball?

... magst du Videospiele?

... möchtest du einen Schneemann bauen?

... kommst du mit ins Schwimmbad?

... ich finde dich klasse.

... gibst du mir deine Telefonnummer?

... wann wurdest du geboren?

... was ist dein Sternzeichen?

... was sind deine Hobbys?
... was machst du in deiner Freizeit?
... kannst du Auto fahren?
... wie siehst du aus?
... bist du lesbisch/schwul?
... wo wohnst du?
... hast du Hunger?
... was ist dein Lieblingsgericht?
... was ist dein Lieblingsgetränk?
... magst du Süßigkeiten?
... magst du Eis?
... magst du Kuchen?
... was ist deine Lieblingsfarbe?
... was ist deine Aufgabe?
... was hast du an?
... wie alt bist du?
... hast du Geburtstag?
... kannst du fluchen?
... an was denkst du gerade?
... willst du mich verletzen?
... willst du mich heiraten?

Unterhaltung

... kannst du rappen?
... kannst du Beatboxen?
... mach Blödsinn!
... Schere, Stein, Papier.
... Prost!
... wirf eine Münze.
... wirf einen Würfel.
... wähle eine Spielkarte.
... kennst du Gedichte?
... zähle bis [Zahl].
... sag was Lustiges.

... überrasche mich.
... erzähle einen Witz.
... erzähle einen Kinderwitz.
... erzähle einen Flachwitz.
... erzähle einen Zungenbrecher.
... sprich mir nach [Text].

Naturgeräusche zur Entspannung

... starte Meeresrauschen.
... starte Regenschauer.
... starte Donnerwetter.

Besondere Anlässe

Karneval

... kennst du Karneval?
... Kölle Alaaf!
... helau!
... bist du jeck?
... als was gehst du an Karneval?
... erzähle einen Karnevalswitz.
... erzähle ein Karnevalsgedicht.

April, April

... April, April!
... was ist ein guter Aprilscherz?

Ostern

... wie lange ist es noch bis Ostern?
... frohe Ostern.

Geburtstag

... ich habe Geburtstag.
... singe "Happy Birthday".
... wann habe ich Geburtstag?

Halloween

... als was gehst du an Halloween?
... erzähl mir ein Halloween-Witz.
... erzähl mir ein Halloween Gedicht.

Zeitumstellung

... wer hat an der Uhr gedreht?
... wie findest du die Zeitumstellung?

Weihnachten

... wie lange ist es noch bis Weihnachten?
... gibt es den Weihnachtsmann?
... wo wohnt der Weihnachtsmann?
... was wünschst du dir zu Weihnachten?
... öffne Adventskalender.
... frohe Weihnachten!
... singe mir ein Weihnachtslied.
... singe "Oh Tannenbaum" / "Kling, Glöckchen" / "Ihr Kinderlein kommet" / "Jingle Bells" / "Schneeflöckchen, Weißröckchen" / "Alle Jahre wieder".

Silvester

... was hast du dir für das neue Jahr vorgenommen?
... wie lange ist es noch bis Neujahr?
... happy new year / frohes neues Jahr!

4. Basisfunktionen

Startseite auswählen

1. Nutzen Sie den Sprachbefehl "Alexa, gehe zu Einstellungen". Alternativ können Sie auf dem Bildschirm von oben nach unten wischen und **Einstellungen** auswählen.

2. Wählen Sie **Startseite und Uhr** aus und tippen Sie auf **Einstellungen für Startseitenkarten**.

3. Tippen Sie auf das Symbol neben dem Kartennamen.

Lautstärke einstellen

Sie können die Lautstärke Ihres digitalen Assistenten entweder manuell über die Tasten auf der Oberseite des Geräts regeln oder ganz einfach mit Ihrer Stimme einstellen.

Sprachbefehle: **Alexa ...**

... mach lauter (10 %).
... mach leiser (-10 %).
... stelle die Lautstärke auf 5 (1–10).
... stelle die Lautstärke auf 60 % (1–100).
... maximale Lautstärke (10/100 %).
... minimale Lautstärke (1/1 %).
... erhöhe/verringere die Lautstärke um 20 %.
... wie ist die Lautstärke?

Erinnerungen, Wecker und Timer

Wenn Sie möchten, kann Alexa Sie im Alltag jederzeit an wichtige Aufgaben und Ereignisse erinnern. Wenn die Zeit für die Erinnerungen dann gekommen ist, wird sich Alexa mit einem Signalton und der dazugehörigen Erinnerung bei Ihnen melden. Denken Sie daran, dass Sie Alexa über den Erinnerungszeitraum eingeschaltet lassen.

Erinnerungen: **Alexa ...**

... erinnere mich um 17.00 Uhr die Wäsche rauszuholen.
... erinnere mich um 13.15 Uhr die Oma anzurufen.
... was sind meine Erinnerungen?
... lösche die Erinnerung für 17.00 Uhr.
... lösche alle Erinnerungen.

Via Zuruf lassen sich darüber hinaus mehrere Weckzeiten und Timer einstellen. Wecker und Timer funktionieren auch, wenn Sie die Mikrofone Ihres Gerätes ausgestellt oder nicht mit einem WLAN-Netzwerk verbunden haben.
Die entsprechenden Befehle könnten beispielsweise lauten:

Wecker: **Alexa ...**

... wecke mich morgen früh um 7 Uhr auf.
... erstelle einen wiederkehrenden Wecker für Dienstag um 8 Uhr morgens.
... stelle den Wochenendwecker auf 9 Uhr.
... auf welche Uhrzeit ist mein Wecker eingestellt?
... lösche meinen Wecker für Samstag.
... stopp / stoppe den Wecker (bei aktivem Wecker).
... schlummern (bei aktivem Wecker).

Timer: **Alexa ...**

... stelle meinen Timer auf 20 Minuten.
... stelle einen Timer für (Zeitraum) ein.
... wie viel Zeit ist auf meinem Timer übrig?

... stoppe den Timer (bei aktivem Timer).

Um die Lautstärke einzustellen, rufen Sie in der Alexa-App unter **Einstellungen** Ihren **Gerätenamen** auf und ändern bei **Töne** die Lautstärke.

Sämtliche Weck- und Timer-Zeiten können sowohl per Sprachbefehl als auch in der App angepasst, verändert und abgebrochen werden. Manuell können aktivierte Timer und Wecker mit der Aktionstaste auf dem Gerät beendet werden.

Radio hören

Mit Ihrem Echo Show ist es Ihnen binnen Sekunden möglich, auf sämtliche terrestrische, Internet- sowie Satellitenradiosender zuzugreifen. Ihr Sprachbefehl muss dafür lediglich den Namen oder die Frequenz des jeweiligen Radiosenders beinhalten.

Sprachbefehle: **Alexa ...**

... spiele 1Live ab.
... spiele Absolut relax ab.
... spiele 88,8 ab.
... Pause/Fortsetzen/Stopp.
... was läuft da gerade?
... stelle die Lautstärke auf 6/60 %.

Musik abspielen

Amazon Music
Zwar ist es nicht möglich, Alexa aufgrund fehlender Anschlussmöglichkeiten mit einer SD-Karte oder einem USB-Stick zu verbinden, um Musiktitel auf den Echo Show zu

laden, doch bietet Amazon durch seine Streaming-Angebote zahlreiche Alternativen an. So erlaubt es Amazon Music bis zu 250 Songs kostenlos von Ihrem Computer auf den Amazon Cloud Player zu laden. Ebenso stehen dabei alle digitalen Audiodateien, die Sie bei Amazon gekauft haben, über Echo für Sie bereit und werden dem Limit an 250 Songs nicht hinzugerechnet.

Wenn Sie das Limit von 250 Songs zu sehr einschränkt, können Sie für 24,99 Euro pro Jahr Ihren Speicherplatz auf den Import von 250 000 Songs erweitern. Dafür gehen Sie auf der Amazon-Webseite auf **Mein Konto**, klicken auf **Amazon Music Einstellungen** und wählen unter **Musikspeicher** die entsprechende Erweiterung aus.

Befehle: **Alexa ...**

... spiele Musik von Amazon Music.

... welchen Song spielst du gerade?

... setze die Lautstärke auf 5 (0–10).

... Ton aus.

... mach lauter.

... mach leiser.

... Pause.

... Stopp.

... Fortsetzen.

... nächster Song.

... wiederhole den Song.

... spiele Musik zum Einschlafen.

... Endloswiedergabe.

... stoppe die Musikwiedergabe in 20 Minuten.

Erweiterte Musikbefehle

Alexa ...

... spiele das Lied mit dem Text (Text).
... spiele Indie für Sommertage.
... spiele Rock zum Grillen.
... spiele Musik, die gute Laune macht.
... spiele Depeche-Mode-Songs aus den 80ern.
... spiele die Hits von (Jahr).
... spiele die neue Single von (Name des Künstlers).
... spiele die beliebtesten Songs von (Name des Künstlers).
... spiele Rock aus den 80ern.
... spiele Musik zum Aufstehen.
... spiele Musik zum Frühstück.
... spiele Musik für die Arbeit.
... spiele Musik zum Workout.
... spiele Musik zum Kuscheln.
... spiele entspannte Hintergrundmusik.
... spiele Musik für den Kindergeburtstag.

Amazon Prime Music

Mit Amazons Prime-Dienst zu einer Gebühr von 69 Euro pro Jahr erhalten Sie als Kunde neben kostenlosem Premiumversand für sämtliche Bestellungen die Möglichkeit, ohne Aufpreis aus einem riesigen Sortiment von Büchern, Comics und Zeitschriften Ausleihen zu tätigen (Prime Reading).

Darüber hinaus steht Ihnen eine rund 2 Millionen Songs umfassende und werbefreie Musikbibliothek zur Auswahl, mit der Sie Zugang zu zahlreichen Künstlern, Prime-Radiosendern, Musik-Genres und individuellen Playlisten erhalten sowie ihre eigene Playlist mit Ihren Lieblingstiteln anlegen können.

Jeder Song kann ganz einfach per Sprachbefehl von Alexa abgespielt werden.

Befehle: **Alexa ...**

... spiele Musik von Prime Music.

... welchen Song spielst du gerade?

... spiele Jazz von Prime Music.

... spiele den Sender (Sendername) auf Prime.

... spiele die Playlist (Name der Playlist).

... spiele Künstler (Name des Künstlers).

... spiele den Song (Songname) von Künstler (Name des Künstlers).

Amazon Music Unlimited

Mit diesem Dienst, der im November 2016 in Deutschland als Konkurrent zu Spotify etabliert wurde, haben Sie Zugriff auf 40 Millionen Songs, Neuerscheinungen, Playlisten, Radiosender und Hörspiele.

Die Wiedergabe erfolgt dabei unbegrenzt, online wie offline und ohne Werbung. Zum Abspielen der Audiodateien können Android-Geräte, iOS-Geräte, Echo-Geräte, Amazons Fire TV und Fire TV Stick, die Fire-Tablets, Amazon Music für Web, Amazon Music-App für PC und Mac sowie Lautsprecher und Soundsysteme von Drittanbietern verwendet werden, welche Amazon Music unterstützen (Sonos).

Über die **Amazon-Webseite** können Sie eine 30-Tage-Probemitgliedschaft starten und danach aus verschiedenen Angeboten wählen. Während Prime-Mitglieder auf ein vergünstigtes Angebot von 7,99 Euro pro Monat oder 79 Euro pro Jahr in Anspruch nehmen dürfen, beträgt der Preis für Kunden ohne Prime-Abo 9,99 Euro pro Monat. Die besagten Angebote werden auf jeweils einen Nutzer beschränkt. Wenn mehrere Nutzer den Dienst gleichzeitig nutzen möchten, gibt es zusätzlich ein Familien-Angebot, was 6 Mitglieder einschließt und 14,99 Euro pro Monat oder 149 Euro pro Jahr kostet.

Falls Sie den Dienst nur auf Ihrem Echo oder Echo Dot genießen möchten, kostet Sie Amazon Music Unlimited 3,99

Euro pro Monat.

Sie können sich dazu auf Ihrem Echo Show mit Ihrer Stimme anmelden, indem Sie den Befehl "Alexa, bei Amazon Music Unlimited anmelden" aussprechen. Alexa wird Sie im Folgenden durch den Anmeldeprozess führen.

Wenn Ihnen die Musikauswahl von Amazon nicht genügt, können Sie Ihren Echo auch mit Partner-Musikdiensten wie Spotify, Pandora oder TuneIn verknüpfen und damit aus einem noch größeren Musik-Angebot schöpfen.

Sämtliche Musikdienste werden auf der **Startseite** der Alexa-App unter **Musik und Bücher** angezeigt. Dabei ist Amazon Music in der Regel als Standardquelle zur Wiedergabe angegeben; Sie können diese allerdings auch durch Partner-Dienste wie Spotify und Pandora ersetzen.

Musik von Drittanbietern abspielen

Beispiel-Setup: Spotify

1. Öffnen Sie die Alexa-App und wählen Sie auf der **Startseite** unter Ihrem Account **Musik und Bücher** aus. Sodann wird eine Liste aufgerufen.

2. Wählen Sie unter **Musik** den Dienst **Spotify** aus und loggen Sie sich mit Ihrem Account ein. Wenn Sie noch keinen Account angelegt haben, müssen Sie sich erst bei Spotify registrieren. Beachten Sie, dass für das Abspielen von Spotify sowohl eingeschränkter Service für Free-Nutzer als auch ein kostenpflichtiges Premium-Konto zur Verfügung stehen.

3. Nach erfolgreichem Login reagiert Alexa nun auf folgende Kommandos:

Alexa ...

... spiele Spotify ab.

... spiele (Künstler, Alben, Genre, Song) auf Spotify ab.

Während der Wiedergabe eines Songs steuern Sie Alexa mit den gleichen Befehlen (Spiel, Pause, Stopp, Fortsetzen, Wiederholen), die Sie für Amazon Music verwenden. Lautstärke und Wiedergabe lassen sich mit den Befehlen "Alexa, lauter" oder "Alexa, nächster Song" einstellen.

Spotify lässt sich auch als Standard-Musikquelle auswählen, sodass Echo automatisch von dieser Quelle Musik abspielt, ohne dass der Name des Dienstes extra genannt werden muss. Dafür öffnen Sie Ihre Alexa-App, klicken auf der **Startseite** auf **Einstellungen**, wählen unter **Konten** die Kategorie **Musik und Medien** aus, klicken auf die blaue Schaltfläche **Standard-Musikdienst auswählen** und wählen **Spotify** aus.

Die Fotokabine von Echo Show

1. Fotos aufnehmen

Mit der integrierten Kamera von Echo Show ist es möglich, Fotos in drei verschiedenen Modi aufzunehmen:

Einzelaufnahme: Wie der Name schon sagt, nehmen Sie mit diesem Modus ein einzelnes Bild auf.

Stickermodus: Nimmt ein einzelnes Foto auf, das mit unterschiedlichen Stickern und Motiven dekoriert wird. Wischen Sie nach links und rechts, um zwischen den Stickern auszuwählen und sie bei Bedarf auf dem Bildschirm zu verschieben.

Vier-in-eins-Aufnahme: Nimmt eine Reihe von vier Bildern auf, welche in ein Foto zusammengefügt werden.

Sprachbefehle für die Aufnahme von Fotos: **Alexa ...**

... mache ein Foto.
... mache ein Serienbild.
... mache ein Bild im Stickermodus.

Anmerkung: Jedes Foto, das Sie mit Ihrem Echo Show anfertigen, wird automatisch auf Ihrem Prime-Photos-Konto hochgeladen und in das Fotokabinenalbum integriert.

2. Ihre Fotos auf Echo Show ansehen

Sie können mit den Fotos, die auf Ihrem Prime-Photo-Konto hochgeladen wurden, eine Diashow auf Echo Show starten:

Befehle: **Alexa ...**

... zeige meine Fotos.
... zeige Fotos von diesem Tag.
... zeige meine Fotoalben.
... zeige mein Fotoalbum (Albumtitel).

Sobald die Diashow begonnen hat, können Sie diese mit folgenden Befehlen kontrollieren: **Alexa ...**

... Diashow Pause/fortsetzen.
... nächstes/vorheriges Foto.
... Zufällige Wiedergabe einschalten.
... Wiederholen.

Ein Hörbuch von Audible anhören

Wenn Sie ein Abonnement von **Audible** genießen, kann Alexa Ihnen oder Ihren Kindern als Geschichtenerzählerin dienen und Hörbücher abspielen.
Audible, ein Tochterunternehmen von Amazon Inc., hat sich als internationaler Vertriebsdienst für kommerzielle Hörbuch-Downloads einen Namen gemacht und verfügt aktuell über knapp 200 000 Titel, davon rund 30 000 in deutscher Sprache. Darunter zählen bekannte Krimis und Thriller, Fantasy-Romane und beliebte Kinder-Hörbücher. Ebenso beinhaltet das Repertoire exklusiv produzierte Titel.

Diesen Dienst verknüpfen Sie, indem Sie Ihre Alexa-App öffnen, die **Startseite** aufrufen, auf **Musik und Bücher** gehen, **Bücher** auswählen und auf **Audible** klicken.

Kommandos für das Lesen von Audible:

Alexa ...

... lies ein Audible Buch.
... lies mein Buch (Buchtitel) von Audible.
... gehe vorwärts (30 Sekunden).
... gehe zurück (30 Sekunden).
... nächstes Kapitel.
... vorheriges Kapitel.
... gehe zu Kapitel (Kapitelzahl).
... Neustart.
... höre in 20 Minuten auf, das Buch vorzulesen.

Während des Lesens können Sie Alexa außerdem per Sprachbefehl pausieren, stoppen oder weiterlesen lassen.

Anmerkung: Von Alexa werden folgende Inhalte und Funktionen **nicht** unterstützt: Audio-Abos für Printmedien (Zeitungen und Zeitschriften), Statistiken und Trophäen, Lesezeichen und Notizen sowie die Steuerung von Alexas Sprechgeschwindigkeit.

Ein Kindle-Buch vorlesen lassen

In Deutschland können Kunden seit März 2017 ihren Echo durch das integrierte Text-to-Speech-Feature mit dem **Amazon Kindle** vernetzen, damit Alexa digital erworbene Bücher vorliest. Das ist besonders in jenen Momenten praktisch, in denen die Augen beim Lesen müde werden, man die Geschichte auf dem Kindle aber noch weiterverfolgen möchte.

Da der Sprachassistent (bis jetzt) noch nicht alle Buchtitel wiedergeben kann, müssen Sie erst herausfinden, welche Bücher mit dem Echo kompatibel sind.

Dafür öffnen Sie die Alexa-App, rufen die **Startseite** auf und klicken auf **Musik und Bücher**. Anschließend gehen Sie auf **Kindle-Bücher** und wählen ein Buch von der Liste **Bücher, die Alexa lesen kann** aus. Alexa kann sowohl gekaufte wie auch geliehene Bücher per Amazon Prime aus der Kindle-Leihbücherei abspielen.

Kommandos für das Lesen auf Kindle:

Alexa ...

... lies ein Kindle Buch.
... lies mein Kindle Buch (Buchtitel).
... gehe vorwärts (30 Sekunden).
... gehe zurück (30 Sekunden).
... nächstes Kapitel.

... vorheriges Kapitel.

... gehe zu Kapitel (Kapitelzahl).

... Neustart.

... höre in 20 Minuten auf, das Buch vorzulesen.

Während des Lesens kann man Echo außerdem per Sprachbefehl pausieren, stoppen oder weiterlesen lassen.

Fußball-Audiostreams abspielen

Kurz vor Beginn des Saisonstarts 2017 hat Amazon bekanntgegeben, dass alle 617 Pflichtspiele der Bundesliga, der 2. Bundesliga, der Relegation und des DFL Supercup via Audiostreaming live und in voller Länge übertragen werden. Dabei sind sämtliche Übertragungen für Mitglieder von Amazon Prime kostenlos und werbefrei. Abonnenten von Amazon Music Unlimited haben darüber hinaus Zugriff auf alle 63 DFB-Pokal-Spiele.

Die Übertragungen starten mit Vorberichten etwa 15 Minuten vor jedem Spiel, die Samstags-Konferenz der Bundesliga soll von einer Show begleitet werden, die um 15.00 Uhr beginnt.

Die Vorberichte werden von umfassenden Analysen, Einzelkommentaren und Interviews begleitet.

Neben der Amazon Music-App können Nutzer ebenso mit ihren Echo-Geräten unmittelbar auf die Audiostreams zugreifen.

Sprachbefehle: **Alexa ...**

... spiel die Bundesliga.

... spiel Borussia Dortmund gegen Werder Bremen.

... spiel St. Pauli gegen Bochum.

... spiel die Amazon-Konferenz.

... wann spielt der VfB Stuttgart?

Bluetooth-Verbindung nutzen

Wenn Sie einen Song, ein YouTube-Video, einen Radiosender oder einen Podcast auf Ihrem Smartphone oder Tablet streamen, können Sie es via Bluetooth mit Echo Show verbinden, um die Audiodatei darauf abzuspielen zu lassen. Als Voraussetzung gilt natürlich, dass Ihr Smartphone oder Tablet mit einer Bluetooth-Verbindung ausgestattet ist.

Ist diese Voraussetzung erfüllt, gibt es nun zwei Möglichkeiten, eine Verbindung mit Echo herzustellen:

1. Benutzen Sie die Sprachbefehle "Alexa, kopple Bluetooth" oder "Alexa, kopple mein Gerät", um Echo auf die Verbindung vorzubereiten. Im Einstellungsmenü Ihrer Bluetooth-Verbindung sollte nun der Name des Echos erscheinen. Klicken Sie darauf, um eine Verbindung herzustellen.

2. Rufen Sie die **Einstellungen** Ihrer Alexa-App auf, klicken Sie auf den **Namen des Echos**, wählen das Feld **Bluetooth** aus und klicken Sie auf die Option **Ein neues Gerät koppeln**. Wiederholen Sie den Vorgang auf Ihrem Smartphone und verbinden Sie es mit Ihrem Echo.

Wenn Sie die Bluetooth-Verbindung zwischen Ihrem Gerät und Echo wieder beenden möchten, tun Sie dies mit dem Befehl "Alexa, trenne Bluetooth".

So verbinden Sie Ihren Echo Show via Bluetooth mit einem externen Lautsprecher:

1. Aktivieren Sie den Kopplungsmodus Ihres Bluetooth-Lautsprechers. Nähere Informationen dazu finden Sie im Handbuch Ihres Lautsprechers.

2. Öffnen Sie Ihre Alexa-App. Wählen Sie **Einstellungen** aus und klicken Sie anschließend auf den **Namen Ihres Echo Show**. Unter **Bluetooth** führen Sie die Option **Ein neues Gerät koppeln** aus. Daraufhin wird Ihr Echo Show versuchen, ein neues Bluetooth-Gerät zu koppeln. Wird Ihr Bluetooth-Lautsprecher von Echo Show erkannt, erscheint er in der Alexa-App. In diesem Fall tippen Sie auf den Lautsprecher, um eine Verbindung herzustellen. Um den Vorgang abzuschließen, tippen Sie auf **Weiter**. Ihr Echo Show sollte nun mit dem Lautsprecher gekoppelt sein.

Wenn Sie die Verbindung zu Ihrem Lautsprecher wieder entfernen möchten, benutzen Sie den Sprachbefehl "Alexa, trenne Bluetooth".

Telefonieren und Textnachrichten versenden

Mit der umfangreichen Funktion namens Drop In, die Amazon seiner verbesserten Alexa-App im September 2017 spendiert hat, ist sowohl das kostenlose Telefonieren als auch das Versenden von Textnachrichten mit Ihren Freunden und Familienmitgliedern möglich. Ebenso kann Alexa durch dieses Feature als direkte Gegensprechanlage benutzt werden.

Voraussetzung dafür ist lediglich, dass Sie und Ihre Kontakte ein beliebiges Echo-Gerät und/oder die Alexa-App in der aktuellen iOS- beziehungsweise Android-Version auf Ihrem Smartphone besitzen. Weder die versendeten Textnachrichten noch die Anrufe nehmen dabei Einfluss auf Ihr Limit an verfügbaren SMS-Nachrichten und Gesprächsminuten.

Anmerkung: Damit ein Anruf ausgeführt werden kann, benötigt Alexa sämtliche Kontakte aus dem Adressbuch Ihres Smartphones. Aktuell ist es nicht möglich, einzelne Kontakte hinzufügen oder zu entfernen.

Die Nummern Ihrer Kontakte werden mit den Telefonnummern von Alexa-Nutzern abgeglichen, die diese auf der Mein-Konto-Seite von Amazon angegeben haben. Entsprechend muss jeder Alexa-Nutzer in seinem Nutzerkonto diese Nummer angegeben haben, um überhaupt gefunden und angerufen werden zu können. Diese Nummer wird beim erstmaligen Gebrauch der Telefonfunktion von der App abgefragt, kann aber auch über den Browser im Amazon-Konto eingegeben werden.

Die Telefonfunktion von Echo Show aktivieren

1. Öffnen Sie Ihre Alexa-App und tippen Sie am unteren Rand auf das **Sprechblasen-Symbol (Unterhaltungen)**.

2. Geben Sie Ihre Mobilfunknummer an. Daraufhin werden Sie von Amazon eine SMS mit einem Verifizierungscode erhalten, den Sie in das leere Feld eintippen müssen.

3. Nun können Sie Ihre Kontakte synchronisieren, um diese zu kontaktieren. Sie können diesen Schritt jedoch auch überspringen, falls Sie Drop-In nur für die interne Kommunikation in ihrem Haus nutzen möchten (also beispielsweise vom Echo im Wohnzimmer zu dem in der Küche).

4. Wenn Sie Ihre Kontakte synchronisiert haben, können Sie die Alexa-Nutzer in Ihrer Liste anrufen und ihre Profildaten einsehen. Dafür müssen Sie erneut auf **Unterhaltungen** tippen und den Avatar am oberen Rand der App aufrufen.

5. Wenn Sie jemanden anrufen oder selbst angerufen werden, wird der Anruf sowohl von einem Signalton als auch von einem grünen Lichtring (bei Echo, Echo Dot und Echo

Plus) begleitet. Geht bei Echo Show und der Alexa-App ein Anruf ein, verändert sich das Display.

Sprachbefehle: **Alexa ...**

... mach einen Anruf.
... rufe (Name des Kontakts) an.
... Anruf annehmen (falls Sie angerufen werden).
... ignorieren (falls Sie einen Anruf ablehnen möchten).
... auflegen (beendet einen aktiven Anruf).

Sprach- und Textnachrichten versenden

Es ist Ihnen weiterhin möglich, Ihren Kontakten Sprachnachrichten senden, welche wie bei einem Anrufbeantworter zu einem späteren Zeitpunkt abgehört werden können. Dies tun Sie mit dem Befehl "Alexa, sende eine Nachricht an (Name des Kontakts)". Alexa wird Sie daraufhin auffordern, den Text Ihrer Nachricht einzusprechen.
Bei erfolgreicher Vermittlung wird der Lichtring des Echos Ihres Kontakts gelb aufleuchten. Bei Echo Show werden eingegangene Nachrichten oben rechts auf dem Display angezeigt. Mit dem Befehl "Alexa, spiele meine Nachrichten" wird die Textnachricht vorgetragen.
Wenn Sie Ihre Nachrichten eher manuell eintippen und verschicken möchten, können Sie dies in der Alexa-App tun.
Dafür müssen Sie in der Alexa-App am unteren Rand auf **Unterhaltungen** tippen und **Neue Unterhaltungen** aufrufen. Nachdem Sie einen Kontakt aus der Adressliste ausgewählt haben, können Sie im Textfeld via Bildschirmtastatur eine Nachricht schreiben und abschließend mit **Senden** verschicken.

Anrufe und Nachrichtenmeldungen blockieren

Wenn Sie Nachrichtenmeldungen und Anrufe auf Ihrem Echo blockieren möchten, können Sie dies mit der Funktion **Bitte nicht stören** in Ihrer Alexa-App tun. Mehr dazu erfahren Sie im Kapitel **Einstellungen und Optionen**.

Drop In

Mit der Funktion Drop In verwandeln Sie Ihren und andere Echos zu einer Gegensprechanlage. Dies kann Ihnen beispielsweise nutzen, wenn Sie mehrere Echo-Geräte in unterschiedlichen Räumen haben (oder auf unterschiedlichen Etagen), welche miteinander kommunizieren sollen.
Der Sprachbefehl "Alexa, Drop In (Name des Alexa-Geräts)" stellt direkt und unmittelbar eine Sprachverbindung zu einem weiteren Alexa-Gerät her, ohne von anderer Seite aus angenommen werden zu müssen.

So aktivieren Sie die Funktion Drop In:

1. Öffnen Sie Ihre Alexa-App und wählen Sie **Einstellungen** im Menü aus.

2. Wählen Sie den Echo aus, auf dem Sie die Drop-In-Funktion ausführen möchten.

3. Wählen Sie unter **Allgemein** die Option für **Drop In** aus.

4. Wählen Sie die passende Berechtigkeitsoption für Ihr Echo-Gerät aus.

Wenn Sie die Option **An** markieren, können alle Kontakte auf Ihr Gerät zugreifen, denen Sie eine Drop-In-Erlaubnis erteilt haben. Aktivieren Sie hingegen **Nur mein Haushalt** gilt Drop In nur für Haushaltsmitglieder, die auf Ihrem Konto angemeldet sind.

Mit der Option **Aus** verhindern Sie ein Drop In.

So führen Sie Drop In aus:

1. Öffnen Sie Ihre Alexa-App und tippen Sie am unteren Rand auf das **Sprechblasen-Symbol (Unterhaltungen)**.

2. Tippen Sie auf die blaue Drop-In-Leiste und wählen Sie den Namen des Geräts, das Sie für ein Drop-In nutzen möchten.

Anmerkung: Wenn Sie und Ihr Kontakt Geräte mit Bildschirmen verwenden (beispielsweise Echo Show), wird bei Drop In automatisch die Videofunktion aktiviert. Diese können Sie mit dem Sprachbefehl "Alexa, Video aus" deaktivieren oder Ihr Display berühren und die Video-aus-Taste antippen.

Ihren Kontakten eine Drop-In-Erlaubnis erteilen:

1. Öffnen Sie Ihre Alexa-App und tippen Sie am unteren Rand auf das **Sprechblasen-Symbol (Unterhaltungen)**.

2. Wählen Sie das Symbol für **Kontakte** aus.

3. Rufen Sie den Kontakt auf, dem Sie eine Drop-In-Erlaubnis auf Ihrem Gerät erteilen möchten.

4. Markieren Sie auf der Seite Ihres Kontakts **Drop In an**, um die Erlaubnis zu erteilen (oder zu entziehen).

Videotelefonie

Bei Echo Show können Sie sich und Ihre Kontakte während Telefongesprächen zusätzlich per Videoscreen auf dem Display anzeigen lassen. Der Videoscreen wird bei einem Telefongespräch automatisch aktiviert, schaltet sich aber ab, wenn der Empfänger kein Echo-Gerät mit Videounterstützung benutzt.
Falls Sie keine Videoübertragung bei Ihrem Gespräch wünschen, können Sie dafür wahlweise den Sprachbefehl "Alexa, Video aus" verwenden oder Ihr Display berühren und die Video-aus-Taste antippen.

Ihre angegebene Mobilfunknummer ändern/löschen

1. Melden Sie sich mit Ihrem Account beim Amazon-Shop an.

2. Klicken Sie auf **Mein Konto** und anschließend unter **E-Mail-Benachrichtigungen, Mitteilungen und Werbung** auf den Unterpunkt **SMS-Benachrichtigungen (an deutsche Mobilfunknummern)**.

3. Tippen Sie neben der angezeigten Nummer auf **Ändern** und dann auf **Bearbeiten**. Im nächsten Fenster können Sie die Nummer entweder mit **Löschen** entfernen oder im leeren Feld eine neue Nummer eingeben.

Amazon Video auf Echo Show abspielen

Zu den besonderen Features von Echo Show zählt die Möglichkeit, sämtliche Filme und Serien aus dem umfassenden Amazon-Video-Katalog abspielen zu können. Dabei können Sie mit einem aktiven Prime-Abo aus einem von Amazon bestimmten Serien- oder Filmangebot wählen,

oder auch einzelne Titel kostenpflichtig kaufen sowie ausleihen.
Per Sprachbefehl können Sie dabei gezielt nach Titeln suchen sowie deren Wiedergabe steuern.

Befehle: **Alexa ...**

... zeige mir meine Video-Bibliothek/Watchlist.
... zeige mir (Name des Titels).
... spiele den Film (Filmtitel) ab.
... suche nach (Name des Titels).
... zeige mir Filme mit (Name des Schauspielers).
... zeige mir (Genre).
... spiele (Name der Serie), Staffel (Nummer), Episode (Nummer) ab.
... fahre fort.
... nächste Folge.
... gehe (Sekunden/Minuten/Stunden) zurück/vorwärts.
... Anhalten/Fortsetzen/Zurückspulen/Vorwärtsspulen.

Persönliche Daten verwalten

Die Alexa-Technologie muss auf Ihren Sprachbefehl reagieren und hört deswegen bei Betrieb jede Konversation im Raum mit. Aufgezeichnet auf den Servern des Herstellers werden die Gespräche allerdings erst, wenn das Aktivierungswort vernommen wurde. Und obwohl andere Hintergrundgeräusche so gut wie möglich herausgefiltert werden, landen Ihre persönlichen Interaktionen mit dem Echo unweigerlich in der Datenbank von Amazon.

Ihre Sprachaufnahmen verwalten

Mittels der Alexa-App können Sie all Ihre aufgezeichneten Spracheingaben einzeln aufrufen und verwalten. Rufen Sie dafür **Einstellungen** in der App auf und klicken Sie unter **Alexa-Konto** auf **Verlauf** oder **Alexa-Datenschutz**. Gehen Sie anschließend auf **Sprachaufnahmen-Verlauf überprüfen**.

Alexa-Sprachaufnahmen via Sprachbefehl löschen

Wenn Sie Sprachaufnahmen via Sprachbefehl löschen möchten, schieben Sie unter **Sprachaufnahmen-Verlauf überprüfen** den Schieberegler bei der Option **Löschen per Sprachbefehl aktivieren** nach rechts. Danach können Sie vergangene Sprachaufnahmen mit Ihrer Stimme löschen.

Sprachbefehle: **Alexa ...**

... lösche, was ich gerade gesagt habe.
... lösche alles, was ich heute gesagt habe.

Alexa-Sprachaufnahmen in der Alexa-App löschen

Ferner können Sie unter **Sprachaufnahmen-Verlauf überprüfen** Ihre Sprachbefehle per Eingabe löschen. Stellen Sie dafür im **Datumsbereich** ein, für welchen Zeitraum Sie Ihre Sprachaufnahmen gelöscht haben möchten (Heute, Gestern, Diese Woche, Dieser Monat, Gesamter Verlauf, Benutzerdefiniert) und bestätigen Sie Ihre Auswahl mit **Ja**.

Alexa-Sprachaufnahmen automatisch löschen lassen

Sie können Sprachaufzeichnungen, die älter als drei beziehungsweise 18 Monate sind, automatisch löschen lassen.
Gehen Sie dafür in Ihre Alexa-App und rufen Sie **Alexa-Datenschutz** auf. Wählen Sie anschließend **Ihre Alexa-Daten verwalten aus** und stellen Sie bei **Sprachaufnahmen automatisch löschen** den Zeitraum ein, in dem Sie Ihre

Sprachaufnahmen automatisch löschen möchten. Bestätigen Sie Ihre Auswahl mit **Ja**.

Alexa-Sprachaufnahmen via Browser löschen

Gehen Sie über einen Browser auf Ihren **Amazon-Account** und dort auf **Meine Inhalte und Geräte**. Suchen Sie Ihren Echo unter **Meine Geräte**, wählen Sie die Option **Sprachaufzeichnungen verwalten** und drücken Sie auf das gelbe Feld **Löschen**. Nach kurzer Zeit sollten auch in der App keinerlei vergangene Interaktionen mit Alexa mehr einsehbar sein.

Anmerkung: In Ihrem Haushalt können beliebig viele Personen Echo nutzen – eine exakte Spracherkennung fällt dabei, falls nicht anders gewünscht, weg. Zu einer verantwortungsbewussten Nutzung mit Amazon Echo gehört daher auch, dass Sie andere Nutzer des Gerätes, also Familienmitglieder, Freunde oder Gäste, über die Eigenschaften des Echos grundlegend aufklären.

Echo Show ausschalten oder zurücksetzen

Bildschirm ausschalten

Nutzen Sie den Sprachbefehl "Alexa, Bildschirm ausschalten". Wenn Sie den Bildschirm wieder einschalten möchten, genügt das Aktivierungswort.

Echo Show ausschalten

Halten Sie dafür die Ton-aus-Taste für ein paar Sekunden gedrückt. Wiederholen Sie den Vorgang, um Ihren Echo Show wieder einzuschalten.

Echo Show in den Auslieferungszustand versetzen

Ein Zurücksetzen Ihres Geräts kann notwendig sein, wenn Ihr Echo Show auch nach mehrfacher Trennung und Reaktivierung der Stromverbindung nicht mehr reagiert oder im Auslieferungszustand an jemand anderen weitergegeben werden soll.

Rufen Sie die **Einstellungen** auf dem Display Ihres Echo Show auf. Tippen Sie danach auf **Geräteeinstellungen** und wählen Sie die Option **Auf Werkseinstellungen zurücksetzen** aus.

Anmerkung: Diese Maßnahme wird sämtliche Daten sowie die von Ihnen personalisierten Einstellungen Ihres Echo-Geräts löschen.

5. Einstellungen und Optionen

Geräteeinstellungen von Echo Show

Ein Vorteil von Echo Show liegt darin, dass Sie zahlreiche Einstellungen direkt am Gerät vornehmen können, ohne den Umweg über die Alexa-App gehen zu müssen. Nutzen Sie dafür den Sprachbefehl "Alexa, gehe zu Einstellungen". Alternativ können Sie auf dem Bildschirm von oben nach unten wischen und **Einstellungen** auswählen.

Neu ist überdies, dass Sie nun jederzeit von rechts ins Bild wischen können, um die Hauptmenüpunkte von Echo Show aufzurufen. Damit erhalten Sie besonders schnell Zugriff auf verbundene Smart-Home-Geräte, auf Ihre Messenger-Kontakte, Routinen sowie auf Musik und Videos.

1. Bluetooth
Die Koppel-Einstellungen ihres Echo-Geräts.
Mehr dazu erfahren Sie im Kapitel **Basisfunktionen**.

2. Netzwerk
Hier gilt es, für Echo die notwendige Internetverbindung einzurichten, welche permanent aktiv sein muss.

3. Startseite und Uhr
Richten Sie bei Echo Show die Uhranzeige sowie die Startseite individuell ein. Die Startseite kann etwa das Hintergrundbild, Wetterinfos, Trend-Nachrichten, den Versandstatus von Bestellungen sowie Kalendereinträge umfassen.
Als Hintergrundbild können Sie ein Foto aus einem Album auswählen, die Bilder eines Ihrer Alben durchlaufen lassen oder ein Foto von Ihrem Smartphone hochladen. Dabei

müssen Sie wie folgt vorgehen:

a. Wenn Sie ein Foto sehen, das Sie als Hintergrundbild einrichten möchten, können Sie dafür den Sprachbefehl "Alexa, verwende dieses Foto als meinen Hintergrund" äußern.

b. Um ein Foto von Ihrem Smartphone hochzuladen, öffnen Sie die Alexa-App, gehen Sie auf **Einstellungen** und wählen Sie Ihren Echo Show aus. Danach tippen Sie unter **Hintergrund der Startseite** auf die Option **Ein Foto auswählen**. Wählen Sie zum Schluss das Foto von Ihrem Smartphone aus, das Sie als Hintergrund festlegen möchten.

c. Wenn Sie ein Album ansehen, können Sie dieses mit dem Sprachbefehl "Alexa, lege dieses Album als meinen Hintergrund fest" als aktive Diashow anlegen. Manuell können Sie dies bei Ihrem Echo unter **Einstellungen > Startseite > Hintergrund > Prime Photos > Ändern > Das gewünschte Album** ändern.

4. Bildschirm

Hier können Sie die Helligkeit ändern, die Einstellungen für eine Foto-Diashow anpassen sowie die Sonnenaufgangs-Funktion an- beziehungsweise ausstellen.

5. Töne

Stellen Sie ein, ob und mit welchen Sounds Alexa auf Ihre Sprachbefehle reagieren soll und welche Töne Alexa für Ihre Weckdienste sowie für Ihre Nachrichten verwenden soll. Außerdem können Sie hierbei die Lautstärke für Wecker und Timer anpassen.

6. Bitte nicht stören

Sie können diese Funktion einschalten, indem Sie in der App

den Schieberegler bei der Option **Bitte nicht stören** nach rechts wischen oder den Sprachbefehl "Alexa, bitte nicht stören ein- /ausschalten" benutzen.

Bei Aktivierung wird Alexa außer bei Weck- und Timeralarm nicht mehr aktiv werden und eingehende Anrufe, Drop Ins sowie Nachrichten blockieren.

Indem Sie auf **Zeitplan** tippen, die Funktion aktivieren und im Anschluss auf die blaue Fläche **Bearbeiten** drücken, können Sie die störungsfreie Zeit auf die Minute per Start- und Endpunkt festlegen.

7. Kommunikation

Hier können Sie den Klingelton für eingehende Anrufe aktivieren oder deaktivieren.

8. Geräteoptionen

a. Gerätename

Hier können Sie Ihrem Echo einen Namen geben. Diese Option ist besonders in der Hinsicht sinnvoll, wenn Sie mehrere Alexa-Geräte besitzen und durch verschiedene Namen die Verwechslungsgefahr ausschließen möchten.

b. Gerätestandort

Hier geben Sie die vollständige Adresse ein, um die aktuelle Uhrzeit, die Verkehrslage, nahegelegene Lokalitäten oder Vorstellungszeiten von Kinofilmen zu erfragen. Bei einer Anfrage werden die zugehörigen Kontaktdaten und Informationen zu Öffnungszeiten in Ihrer Alexa-App angezeigt. Außerdem kann Alexa mit Hilfe Ihrer Heimatadresse Auskünfte über lokale, nationale und internationale Wetterlagen erteilen.

c. Gerätesprache

Zeigt Ihnen an, welche Sprache Ihr Gerät verwendet.

d. Aktivierungswort

Damit stellen Sie ein, auf welches der vier Aktivierungswörter – "Alexa", "Amazon", "Echo", "Computer" – reagieren soll. Nachdem Sie das Wort ausgewählt und abgespeichert haben, benötigt Echo eine kurze Zeit für die Anpassungsmaßnahme.

e. Tipp-Gesten

Bei aktiver Funktion brauchen Sie bei einem Wecksignal nur oben auf das Gerät tippen, um in den Schlummermodus des Weckers zu schalten.

f. Datum und Uhrzeit

Stellen Sie die passende Zeitzone für Ihr Gerät ein.

g. Temperatur

Entscheiden Sie zwischen den Einheiten Fahrenheit und Celsius.

h. Entfernung

Entscheiden Sie zwischen den Einheiten Meilen und Kilometer.

i. Web-Optionen

Wählen Sie einen passenden Browser für Web-Anzeigen aus und entfernen Sie bei Bedarf Webseiten-Cookies und Cache.

j. Amazon Echo-Fernbedienung verbinden

Wählen Sie diese Funktion aus, um die offizielle Sprachfernbedienung von Amazon einzurichten.
Halten Sie dafür die Wiedergabe/Pause-Taste auf der Fernbedienung fünf Sekunden lang gedruckt und lassen dann von der Taste ab. Echo Show wird im Anschluss nach dem Signal der Fernbedienung suchen. Dieser Prozess sollte

nicht länger als eine Minute in Anspruch nehmen. Ist die Suche erfolgreich, wird Alexa Ihnen mitteilen, dass die Fernbedienung und Echo Show nun gekoppelt sind. Ab sofort sollte das Gerät Sprachbefehle mit Hilfe der Fernbedienung vernehmen können, selbst dann, wenn die Mikrofone deaktiviert sind.

k. Alexa Gadget verbinden

Mit Hilfe dieser Option können Sie ein bestimmtes Gadget mit Alexa koppeln, beispielsweise die separat erhältlichen Echo Buttons.

l. Software-Updates

Mit dieser Funktion können Sie manuell nach den neuesten Software-Aktualisierungen suchen.

m. Auf Werkseinstellungen zurücksetzen

Diese Maßnahme wird sämtliche Daten sowie die von Ihnen personalisierten Einstellungen Ihres Echo-Geräts löschen.

n. Seriennummer

Zeigt die Seriennummer Ihres Geräts an.

9. Zugriff beschränken

Mit dieser Option können Sie die Nutzung von bestimmten Funktionen von Echo Show beschränken. Für Amazon Video gelten die Beschränkungen, die Sie in den Amazon-Video-Einstellungen getroffen haben.

10. Zum Ausprobieren

Öffnet eine Liste von anregenden Sprachbefehl-Beispielen, mit der Sie Alexa für bestimmte Themengebiete steuern können.

11. Hilfe

Hier können Sie das Benutzerhandbuch einsehen, das bei Problemen und Fragen detaillierte Hilfestellungen und Lösungsvorschläge für Ihren Echo Show anbietet. Zusätzlich steht Ihnen dafür der Kundendienst von Amazon zur Verfügung, den Sie entweder per Mail oder per Anruf erreichen können. Außerdem können Sie jederzeit Rückmeldung über Ihre Erfahrungen mit Ihrem Gerät abgeben.

12. Barrierefreiheit

a. VoiceView Screenreader

Mit dieser Funktion können Sie gesprochenes Feedback beim Berühren von Bildschirmelementen aktivieren. Dabei können Sie sowohl die Lesegeschwindigkeit als auch die Sprach- und Tonlautstärke einstellen.

b. Bildschirm vergrößern

Beeinflussen Sie die Darstellung des Displays mit speziellen Fingerbewegungen.

Während Sie den Bildschirm mit Wischbewegungen von rechts nach links verschieben, können Sie das Dargestellte stufenweise vergrößern beziehungsweise verringern, indem Sie zwei Finger auf das Display legen und spreizen beziehungsweise zusammenführen.

Wenn Sie dreimal mit dem Finger auf den Bildschirm tippen, vergrößern Sie damit die sichtbaren Elemente.

c. Farbumkehr

Verändert das Farbschema ins Gegensätzliche.

d. Farbkorrektur

Hier können Sie Anpassungen für spezielle Formen der Farbenblindheit vornehmen.

e. Untertitel
Falls diese Option bei dem jeweiligen Video verfügbar ist, werden die Untertitel angezeigt.

f. Untertitel-Einstellungen
Ändern Sie die Darstellung der angezeigten Untertitel.

g. Alexa-Untertitel
Zeigt Ihnen die Untertitel für Alexa-Antworten an.

h. Alexa-Untertitel-Einstellungen
Ändern Sie die Darstellung der angezeigten Alexa-Untertitel.

i. Alexa Tap-Steuerung
Diese Funktion erlaubt es Ihnen, Alexa Ihre Lieblingsfragen via Touch-Screen zu stellen.

j. Nachrichtenversand ohne Sprachfunktion
Aktivieren Sie diese Funktion, wenn Sie die Nachrichten von Ihren Kontakten in Textform sehen möchten. Bei Aktivierung erscheint ein Unterhaltungssymbol auf dem Display.

Die Alexa-App

Die Alexa-App ist ein vielseitiges Instrument, mit dem Sie die volle Kontrolle über sämtliche Funktionen des Echos ausüben und die zahlreichen Dienste, etwa Weck-Funktionen, Einkauflisten oder Verbindungen zu smarten Haushaltsgeräten, verwalten.

1. WLAN aktualisieren
Hier gilt es, für Echo die notwendige Internetverbindung einzurichten.

2. Bluetooth
Die Koppel-Einstellungen ihres Echo-Geräts.

3. Gerätefernbedienung verbinden/entfernen
Um die Sprachfernbedienung von Amazon einzurichten, wählen Sie die Funktion **Gerätefernbedienung verbinden** aus. Danach halten Sie die Wiedergabe/Pause-Taste auf der Fernbedienung fünf Sekunden lang gedrückt und lassen dann von der Taste ab. Echo wird im Anschluss nach dem Signal der Fernbedienung suchen. Dieser Prozess sollte nicht länger als eine Minute in Anspruch nehmen. Ist die Suche erfolgreich, wird Alexa Ihnen mitteilen, dass die Fernbedienung und Echo nun gekoppelt sind. Ab sofort sollte Echo auch Sprachbefehle mit Hilfe der Fernbedienung vernehmen können.

4. Alexa Gadget verbinden
Mit Hilfe dieser Option können Sie ein bestimmtes Gadget mit Alexa koppeln, beispielsweise die separat erhältlichen Echo Buttons.

5. Bitte nicht stören
Wenn Sie diese Funktion einschalten (Schieberegler bei der Option **Bitte nicht stören** nach rechts wischen), wird Alexa außer bei Weck- und Timeralarm nicht mehr aktiv werden und eingehende Anrufe, Drop Ins sowie Nachrichten blockieren.
Indem Sie auf **Zeitplan** tippen, die Funktion aktivieren und im Anschluss auf die blaue Fläche **Bearbeiten** drücken, können Sie die störungsfreie Zeit auf die Minute per Start- und Endpunkt festlegen.

6. Drop In
Hier können Sie die Drop-In-Einstellungen für Ihren Echo verwalten. Mehr Infos zu diesem Thema finden Sie im

Kapitel **Basisfunktionen** unter dem Punkt **Telefonieren und Textnachrichten versenden**.

7. Töne

Stellen Sie ein, ob und mit welchen Sounds Alexa auf Ihre Sprachbefehle reagieren soll und welchen Ton Alexa für Ihre Weckdienste verwenden soll. Außerdem können Sie hierbei die Lautstärke für Wecker und Timer anpassen.

8. Gerätename

Hier können Sie Ihrem Echo einen Namen geben. Diese Option ist besonders in der Hinsicht sinnvoll, wenn Sie mehrere Alexa-Geräte besitzen und durch verschiedene Namen die Verwechslungsgefahr ausschließen möchten.

9. Gerätestandort

Hier geben Sie die vollständige Adresse ein, um die aktuelle Uhrzeit, die Verkehrslage, nahegelegene Lokalitäten oder Vorstellungszeiten von Kinofilmen zu erfragen. Bei einer Anfrage werden die zugehörigen Kontaktdaten und Informationen zu Öffnungszeiten in Ihrer Alexa-App angezeigt. Außerdem kann Alexa mit Hilfe Ihrer Heimatadresse Auskünfte über lokale, nationale und internationale Wetterlagen erteilen.

10. Zeitzone des Geräts

Richten Sie hier die passende Zeitzone Ihres Echos ein.

11. Aktivierungswort

Dadurch stellen Sie ein, auf welches der vier Aktivierungswörter – "Alexa", "Amazon", "Echo", "Computer" – reagieren soll. Nachdem Sie das Wort ausgewählt und abgespeichert haben, benötigt Echo eine kurze Zeit für die Anpassungsmaßnahme.

12. Aufmerksamkeitsmodus

Indem Sie den Regler nach rechts schieben, schalten Sie den Aufmerksamkeitsmodus ein. Dies führt dazu, dass Alexa für einige Sekunden Folgefragen beantworten wird, ohne dass Sie das Aktivierungswort erneut benutzen müssen. Dies funktioniert solange, bis Sie keine Fragen mehr stellen.

13. Sprache

Hier können Sie die Sprache von Alexa umstellen. Zur Auswahl stehen Englisch (United States), Englisch (United Kingdom) und Deutsch.

14. Maßeinheiten

Wählen Sie Ihre vertrauten Maßeinheiten für Temperatur und Entfernung aus.

15. Info

Zeigt an, mit welchem Konto das Gerät verbunden ist.

16. Gerätesoftware-Version

Hier finden Sie die aktuelle Version von Alexa. Die Software-Version wird regelmäßig aktualisiert, um Alexas Fähigkeiten zu erweitern und zu perfektionieren. Der Update-Vorgang läuft in der Regel automatisch ab. Die Dauer des Updates ist dabei abhängig von der Stärke Ihrer WLAN-Verbindung.

17. Seriennummer

Zeigt die Seriennummer Ihres Geräts an.

18. MAC-Adresse

Zeigt die MAC-Adresse Ihres Geräts an.

Alexa-Einstellungen

1. Unter der Spalte **Alexa-Einstellungen** bestimmen Sie bei

Musik und Medien den Musikdienst, auf den Echo bei der Wiedergabe standardgemäß zugreifen soll.

2. Mit der Option **Tägliche Zusammenfassung** können Sie die aktuellen Neuigkeiten abfragen und sich ein individuelles Nachrichtenprogramm aus Sport und Kultur zusammenstellen. Die Dienste, die Sie aktiv in der Zusammenfassung informieren sollen, wählen Sie dort mit Hilfe einer Liste aus.

Klicken Sie auf die Fläche **Mehr aus der täglichen Zusammenfassung**, um die einzelnen Nachrichtendienste einzusehen. Zur Auswahl stehen beispielsweise "Tagesschau", "Spiegel Online", "Deutschlandfunk", "Kicker Nachrichten" und "Sky Sports". Aktivieren Sie den gewünschten Nachrichtendienst mit der Option **Aktivieren** und gehen Sie zurück, um den Nachrichtendienst in der Zusammenfassung anzuzeigen.

Indem Sie den Schieberegler des jeweiligen Dienstes nach links oder rechts schieben, können Sie den Dienst ein-beziehungsweise ausschalten. Mit der Option **Reihenfolge ändern**, die Sie rechts oben finden, können sie zusätzlich die Abfolge Ihrer Nachrichten bestimmen. Tippen Sie dazu auf den Bereich mit den drei Linien und positionieren Sie den jeweiligen Dienst an die gewünschte Stelle.

Haben Sie die Dienste erfolgreich personalisiert, können Sie folgendermaßen mit Echo interagieren:

Befehle: **Alexa...**

... lies mir meine tägliche Zusammenfassung vor.
... spiele die Nachrichten ab.
... was sind die Nachrichten des Tages?
... was gibt es Neues?
... weiter.
... zurück.

3. Unter **Verkehr** können Sie einen Start- und Zielpunkt festlegen. Wenn Sie als Startpunkt beispielsweise Ihre Heimatadresse und als Zielpunkt den Standort Ihrer Arbeitsstelle nennen, können Sie sich bei Alexa jeden Morgen über eventuelle Verkehrsstörungen auf dieser Strecke informieren:

Befehle: **Alexa ...**

... wie ist der Verkehr?
... wie ist die Verkehrslage?
... wie ist meine Pendelzeit?

Anmerkung: Indem Sie auf **Stopp hinzufügen** klicken, können sie einen zusätzlichen Haltestopp zwischen Ihrer Strecke angeben.

4. Unter **Sportnachrichten** wird Sie Alexa auf Nachfrage über die aktuellen, vergangenen oder zukünftigen Sportereignisse informieren. Dort finden Sie eine Suchleiste, auf der Sie den Namen der Mannschaft eintragen können. Daraufhin wird sich eine Trefferliste öffnen, aus der Sie die Mannschaft auswählen. Damit können Sie bis zu 15 Mannschaften in Ihre Sportnachrichten einbinden.
Wenn Sie eine Mannschaft wieder aus der Liste entfernen möchten, klicken Sie auf das **X** rechts neben dem Namen der Mannschaft. Zurzeit sind die Ergebnisse folgender Ligen abrufbar:

BL (Bundesliga)
2. BL (2. Bundesliga)
EPL (Englische Premier League)
MLB (Major League Baseball)
MLS (Major League Soccer)

NBA (National Basketball Association)
NCAA Basketball Männer (National Collegiate Athletic Association)
NCAA FBS Football (National Collegiate Athletic Association: Football Bowl Subdivision)
NFL (National Football League)
NHL (National Hockey League)
WNBA (Women's National Basketball Association)

Befehle: **Alexa...**

... was sind meine Sportnachrichten?
... gib mir mein Sport-Update.
... wie hat Borussia Dortmund letzten Samstag gespielt?
... wann findet das nächste Spiel von Schalke 04 statt?
... wann spielt der BVB das nächste Mal?
... wie steht es im Spiel Borussia Mönchengladbach gegen den 1. FC Köln?
... wie viele gelbe Karten hat Thomas Müller?

Anmerkung: Mit Ihrem Echo haben Sie seit Saisonbeginn 2017 als Prime-Kunde die Möglichkeit, Live-Audiostreams der Bundesliga, der 2. Bundesliga, der Relegation und des DFL Supercup in voller Länge und werbefrei anzuhören. Mehr Informationen dazu finden Sie im Kapitel **Basisfunktionen** unter dem Abschnitt **Fußball-Audiostream abspielen**.

5. In der Sparte **Kalender** ist es Echo weiterhin möglich, sich mit Ihrem Google-, iCloud- oder Microsoft-Konto zu verlinken, um Zugriff auf Ihren Kalender zu erhalten. Wählen Sie dazu entweder **Google (Gmail)**, **Microsoft (Outlook.com)** oder **Apple (iCloud)** aus und loggen Sie sich mit Ihrem Account ein. Falls Sie keinen Account besitzen, können Sie sich bei den jeweiligen Diensten kostenlos registrieren.

Mit Hilfe der Kalender-Verknüpfung können Sie Alexa nach kommenden Events und Terminen fragen und zukünftige Ereignisse speichern.

Befehle: **Alexa ...**

... was steht für heute in meinem Kalender?
... wann ist mein nächster Termin?
... was steht für morgen auf meinem Kalender?
... füge meinem Kalender ein Ereignis hinzu.
... füge meinem Kalender "Reiten" für Mittwoch, den 06. März um 15.00 Uhr hinzu.

Alexa-Konto

1. Benachrichtigungen
Mit Aktivierung dieser Option erlauben Sie Alexa, Sie durch audiovisuelle Signale (Signalton und gelber Lichtring) über die neuesten Benachrichtigungen zu informieren.

Befehle: **Alexa ...**

... lies meine Benachrichtigungen vor.
... was habe ich versäumt?
... weiter/zurück.
... lösche meine Benachrichtigungen.

2. Skills für Kinder
Schieben Sie den Regler nach rechts, um Kindern den Zugriff auf Kid Skills für Ihr Alexa-Gerät zu erlauben. Kid Skills sind bestimmte Skills, die extra für Kinder entwickelt wurden. Dazu gehören unter die Gute-Nacht-Geschichten des Bayerischen Rundfunks, die Kindernachrichten KiRaKa Klicker vom WDR, der Sender Radio Teddy, das Spiel

Stopptanz und ein Quiz über Bibi Blocksberg.

3. Ferner ist für Prime-Kunden unter **Spracheinkauf** der Einkauf von ausgewählten Prime-Produkten auf Amazon über Alexa möglich. Bedingungen für einen Spracheinkauf über Alexa sind eine Mitgliedschaft bei Amazon Prime (oder eine 30-tägige Probemitgliedschaft), eine deutsche Lieferadresse, eine Zahlungsart, welche mit einem deutschen Bankkonto verknüpft ist sowie eine Rechnungsadresse innerhalb Deutschlands. Aufgenommene Bestellungen werden dann mit Ihrer Standard-Zahlungsart und Lieferadresse abgewickelt.

Befehle: **Alexa ...**

... füge (Produktname) meinem Einkaufswagen hinzu.
... bestelle Produkt (Produktname).
... bestelle Produkt (Produktname) erneut.
... storniere meine Bestellung.

Die Stornierung eines Artikels mittels Alexa muss zeitnah nach der aufgegebenen Bestellung erfolgen. Wenn der Artikel bereits für den Versand vorbereitet wird, kann er nicht mehr storniert werden.
Wenn Alexa um die Bestätigung Ihrer Bestellung bittet, können Sie diese mit "Ja" bestätigen oder mit "Nein" abbrechen.
Falls Sie den Artikel vor der Bestellung noch einmal selbst bei Amazon überprüfen möchten, sagen Sie: "Alexa, füge (Artikelname) meinem Einkaufswagen hinzu."

Haben Sie einen Artikel bestellt, können Sie sich bei Alexa jederzeit über den Status Ihrer Bestellung informieren:

Befehle: **Alexa ...**

... wo ist meine Bestellung?
... verfolge meine Bestellung.

Damit Unbefugte keine Artikel bestellen können, können Sie es so einrichten, dass Alexa Sie nach einem gesprochenen Bestätigungscode fragt, wenn Sie eine Bestellung bei Amazon aufgeben wollen. Falls Sie überhaupt keine sprachbasierten Einkäufe über Alexa tätigen wollen, kann diese Funktion auch ganz abgeschaltet werden. Bewegen Sie dafür den Schieberegler bei **Spracheinkauf** nach links.

4. Registrierte Stimmen
Alexa kann Stimmen erkennen und ihre Antworten an Gewohnheiten und Vorlieben des jeweiligen Nutzers anpassen. Dies kann von Vorteil sein, wenn verschiedene Personen gleichzeitig auf ein einzelnes Alexa-Gerät zugreifen. Alexa wird Sie dann beispielsweise nicht mit einer Schlager-Playlist überraschen, wenn Sie doch eigentlich eher Rockmusik hören. Auch die tägliche Zusammenfassung, Anrufe sowie Nachrichten und Einkaufslisten werden durch die Stimmerkennung persönlich auf Sie eingestellt.
Damit Alexa Ihre Stimmmuster speichern und Ihren Namen zuordnen kann, benutzen Sie den Sprachbefehl "Alexa, lern meine Stimme kennen." Im Anschluss müssen Sie für Alexa vier Sätze nachsprechen, um Ihre personalisierte Stimmerkennung abzuschließen.

5. Haushaltsprofil
Wenn in Ihrem Haushalt mehrere Nutzer über einen Amazon-Account verfügen, können Sie diese hier zusammenfügen, um auf die spezifischen Inhalte und Käufe (Musik, Hörbücher) mehrerer Nutzer zuzugreifen.
Um ein Profil (Account) zu wechseln, sagen Sie "Alexa, wechsle das Profil" und "Alexa, welches Profil ist

angemeldet?"

6. Verlauf

Hier können Sie den chronologisch angelegten **Verlauf** einsehen, der Ihnen einen Überblick über sämtliche stattgefundenen Interaktionen mit Ihrem Echo liefert. Um Ihre Daten und Audiodateien aus der Cloud zu entfernen, können Sie Ihren Verlauf jederzeit löschen.

7. Alexa Datenschutz

In diesem breitgefächerten Abschnitt können Sie sämtliche Sprachaufnahmen verwalten (mehr dazu im Abschnitt **Persönliche Daten verwalten**), die Datenschutzerklärung sowie die Nutzungsbedingungen einsehen.

Darüber hinaus können Sie überprüfen, auf welche Informationen Ihre Skills zugreifen, und festlegen, ob Ihre Sprachaufnahmen dafür genutzt werden dürfen, die Fähigkeiten von Alexa zu verbessern.

8. Alexa Sprachantworten

Indem Sie unter **Kurzmodus** den Regler nach rechts schieben, aktivieren Sie den Kurzmodus. Dies wird Alexa dazu bringen, kürzere Antworten zu geben.

Ferner können Sie bei **Geflüsterte Antworten** den Schieberegler nach rechts schieben, um die Flüster-Funktion zu aktivieren. Wenn Sie Ihre Sprachbefehle anschließend flüstern, werden Sie von Alexa geflüsterte Antworten erhalten.

6. Ihr Smart Home

Die Möglichkeiten von Echo Show sind nicht allein auf Fragen-und-Antwort-Funktionen sowie Streaming-Dienste begrenzt. Amazons Ziel ist es viel mehr, mit Alexa eine zentrale Rolle im alltäglichen Leben zu spielen, was in besonderem Maße den persönlichen Haushaltsbereich betrifft. Schließlich sind smarte Geräte wie internetfähige Fernseher, zentrale Beleuchtungssysteme und individuell einstellbare Heizungseinheiten nicht länger Zukunftsmusik, sondern mittlerweile Bestandteil vieler Haushalte.

Mit dem Amazon Skills Kit (ASK) können Unternehmen und Entwickler ihre Webdienste und Produkte mit Alexa verknüpfen, wodurch sich zahlreiche Handlungsspielräume für Echo ergeben und die Fähigkeiten des Geräts stetig zunehmen. Zum Deutschlandstart lassen sich bereits diverse Haushaltsgeräte per Sprachassistent steuern, der wie eine zentrale Station alle Dienste auf sich vereint. Dafür wird natürlich eine entsprechende, separat erhältliche Hardware vorausgesetzt. Bevor Sie den Kauf eines Produkts in Erwägung ziehen, das Sie mit Alexa steuern möchten, sollten Sie zuvor sicherstellen, dass es damit kompatibel ist. Diese Informationen lassen sich in der Regel über die Produktseite des Herstellers in Erfahrung bringen. Häufig werden Smart-Home-Geräte von einer begleitenden App des Herstellers unterstützt, die via Alexa-App zu finden sein sollte.

Rufen Sie dafür die **Startseite** Ihrer Alexa-App auf, wählen den Bereich **Skills** aus und klicken auf die Kategorie **Smart Home**. Laden Sie die entsprechende App auf Ihr Mobilgerät herunter und melden Sie diese für das gleiche WLAN-Netzwerk an, welches auch Ihr Echo nutzt. Halten Sie ferner Ihre Smart-Home-Geräte und deren Apps mit aktuellen Software-Updates auf dem neuesten Stand.

Um Smart-Home-Geräte einzurichten, können Sie Ihren Echo

Show automatisch nach Alexa-kompatiblen Heimgeräten im Umkreis suchen lassen. Dafür müssen Sie auf der **Startseite** Ihrer Alexa-App den Punkt **Smart Home** auswählen und unter **Geräte** rechts auf das blaue Feld **Suche** klicken. Alternativ können Sie auch den Befehl "Alexa, finde meine Geräte" aussprechen, um Alexa nach Echo-kompatiblen Geräten in Ihrer Nähe suchen zu lassen.

Zu den von Echo unterstützten Anbietern zählen unter anderem Philips, TP-Link, Samsung, Wemo, Honeywell, LIFX und tado.

Im Folgenden finden Sie eine Auswahl der unterstützten Dienste im Überblick:

Heizungssteuerung

Dank Alexa gibt es nun die Möglichkeit, Ihre smarten Thermostate in der Wohnung per Sprachbefehl zu steuern. So ist es Ihnen möglich, die Temperatur eines bestimmten Raumes auf den Grad präzise einzustellen. Die Hersteller sind davon überzeugt, dass ihre Produkte dadurch eine gleichermaßen energieeffiziente wie komfortable Leistung für Ihre Wohnung erzielen.

Unterstützte Produkte: Tado Smartes Thermostat, Netatmo Thermostat, Honeywell evohome Funkraumthermostat

Beispiel-Setup: Tado Smartes Thermostat Starter Kit

1. Schließen Sie die Internetbridge mit dem USB-Port an Ihr Stromnetz an und verbinden Sie die Bridge mit Hilfe des mitgelieferten Ethernetkabels mit Ihrem Router. Halten Sie anschließend die Pairing-Taste der Bridge für einige Sekunden gedrückt.

2. Drehen Sie die hintere Abdeckung des Heizkörper-

Thermostats heraus und drücken Sie für einige Sekunden auf die Pairing-Taste, die Sie an der Oberfläche des Geräts finden. Dadurch wird das Display des Heizkörper-Thermostats aktiviert.

3. Sobald das Schraubenschlüssel-Symbol auf dem Display des Thermostats erscheint, ist es mit der Bridge verbunden und bereit für die Montage. Montieren Sie gemäß der mitgelieferten Anleitung Ihr Thermostat auf einen Heizkörper.

4. Laden Sie die zugehörige App von **Tado** aus einem App Store herunter und führen Sie die Installation durch.

5. Legen Sie sich einen kostenlosen Account an und loggen Sie sich ein.

6. Wählen Sie in der App das Produkt von Tado aus, das Sie einrichten möchten. Um ein Produkt zu registrieren, ist die Seriennummer und ein vierstelliger Code erforderlich. Beide befinden sich als Aufkleber auf dem Gerät.

7. Ist Ihr Produkt erfolgreich registriert, können Sie via App weitere Optionen vornehmen.

Tado in der Alexa-App aktivieren

1. Öffnen Sie die **Startseite** Ihrer Alexa-App und tippen Sie auf **Skills.**

2. Geben Sie in der oberen weißen Suchleiste den Begriff **Tado** ein und starten Sie die Suche. Alternativ können Sie auch die Kategorie **Smart Home** aufrufen und manuell nach dem Skill **Tado** suchen.

3. Wählen Sie den Skill aus und tippen Sie auf das Feld **Aktivieren**. Daraufhin loggen Sie sich mit Ihrem Tado-Account ein.

4. Öffnen Sie die **Startseite** Ihrer Alexa-App und wählen Sie **Smart Home** aus.

5. Tippen Sie unter **Geräte** auf das blaue Feld **Suche**. Nach einer kurzen Wartezeit müsste in den Suchergebnissen **Tado** erscheinen.

6. Der Setup ist damit abgeschlossen. Nun können Sie Ihrem Thermostat über Echo Sprachbefehle zuweisen.

Beispiel-Befehle: **Alexa ...**

... setze die Temperatur im Schlafzimmer auf 24 Grad.
... erhöhe/verringere die Temperatur in der Küche um drei Grad.

Beleuchtung

Mit einem intelligenten Beleuchtungssystem können Sie Ihre Beleuchtung sowohl ein- als auch ausschalten beziehungsweise dimmen. Zudem können Sie spezielle Licht-Konstellationen für ausgewählte Räume einrichten, beispielsweise klare und helle Beleuchtung für die Küche oder gedimmte Beleuchtung für das Wohnzimmer.

Unterstützte Produkte: Philips Hue, Belkin Wemo

Beispiel-Setup: Philips Hue Starter Set mit Bridge

1. Laden Sie die zugehörige App von **Philips Hue** aus einem

App Store herunter und führen Sie die Installation durch.

2. Legen Sie sich einen Account an und loggen Sie sich ein.

3. Schließen Sie die Bridge an. Die App fordert Sie dazu auf, den Knopf in der Mitte der Bridge für einige Sekunden gedrückt zu halten, um eine Netzverbindung herzustellen.

4. Die App wird daraufhin nach Ihren angeschlossenen Lampen suchen.

5. Abschließend können Sie Ihrem Produkt einen Namen geben und Räume zuweisen. Ab sofort können Sie via App auf Ihre Beleuchtung zugreifen, sie beispielsweise ein- und ausschalten sowie die Lichtfarbe anpassen.

Philips Hue in der Alexa-App aktivieren

1. Öffnen Sie die **Startseite** Ihrer Alexa-App und tippen Sie auf **Skills.**

2. Geben Sie in der oberen weißen Suchleiste den Begriff **Hue** ein und starten Sie die Suche. Alternativ können Sie auch die Kategorie **Smart Home** aufrufen und manuell nach dem Skill **Hue (Philips Hue)** suchen.

3. Wählen Sie den Skill aus und tippen Sie auf das Feld **Aktivieren**. Daraufhin loggen Sie sich mit Ihrem Hue-Account ein.

4. Öffnen Sie die **Startseite** Ihrer Alexa-App und wählen Sie **Smart Home** aus.

5. Tippen Sie unter **Geräte** auf das blaue Feld **Suche**. Nach einer kurzen Wartezeit müsste in den Suchergebnissen **Hue**

erscheinen.

6. Der Setup ist damit abgeschlossen. Nun können Sie Ihrer Hue-Beleuchtung via Echo Sprachbefehle zuweisen.

Beispiel-Befehle: **Alexa ...**

... schalte das Licht im Wohnzimmer an.
... dimme das Licht in der Küche um 50 Prozent.

Lautsprecher

Echo Show lässt sich via Bluetooth oder WLAN mit einem externen Lautsprecher verbinden. Damit können Sie beispielsweise auf Ihrem Lautsprecher per Sprachbefehl einen Streamingdienst Ihrer Wahl bestimmen, die Musikwiedergabe in bestimmten Räumen starten, pausieren, einen bestimmten Titel abspielen oder die Lautstärke verändern.

Unterstützte Lautsprecher: Sonos Play 1 von Sonos, UE Boom 2 von Ultimate Ears, auna Intelligence Tube

Echo Show mit einem externen Lautsprecher verbinden

1. Versetzen Sie Ihren Bluetooth-Lautsprecher in den Kopplungsmodus. Nähere Informationen dazu finden Sie in dem Handbuch Ihres Bluetooth-Lautsprechers.

2. Benutzen Sie die Sprachbefehle "Alexa, kopple Bluetooth" oder "Alexa, kopple mein Gerät", um mit Echo eine Verbindung herzustellen.
Alternativ rufen Sie die Einstellungen Ihrer Alexa-App auf, klicken auf den **Namen von Echo**, wählen das Feld **Bluetooth**

aus und tippen auf die Option **Ein neues Gerät koppeln**.
Hat Ihr Echo den Lautsprecher erkannt, wird er in der Alexa-
App angezeigt. Nun brauchen Sie ihn nur noch auswählen,
um die Verbindung zu starten.
Wenn Sie die Bluetooth-Verbindung zwischen Ihrem Gerät
und Echo wieder beenden möchten, tun Sie dies mit dem
Befehl "Alexa, trenne Bluetooth".

Steckdosen

Smarte Steckdosen fungieren als Zwischenstation zwischen
Ihrem Echo und einem am Stromnetz angeschlossenen
Gerät. Dank Echo können Sie die Geräte damit per
Sprachbefehl ein- und ausschalten. Mit der dazugehörigen
App ist es außerdem möglich, bestimmte Räume der
Wohnung in Gruppen einzuteilen, einzelne Steckdosen mit
Namen zu versehen, die Temperatur sowie den
Stromverbrauch Ihrer Geräte zu überwachen – all das von
Zuhause oder Unterwegs.

Unterstützte Produkte: TP-LINK Smart Plug, Wemo Switch
Wi-Fi Smart Plug

Beispiel-Setup: TP-LINK Smart Plug

1. Laden Sie die zugehörige App von **TP-LINK Kasa** aus einem
App Store herunter und führen Sie die Installation durch.

2. Legen Sie sich einen Account an und loggen Sie sich ein.

3. Tippen Sie in der Kasa-App rechts oben auf das **+** Symbol.

4. Wählen Sie den **Smart Plug** als Gerät aus.

5. Schließen Sie Ihr TP-LINK-Gerät an eine Steckdose an und tippen Sie in der App auf **Weiter**. Die Lampe des Geräts wird nach 15 Sekunden damit beginnen, abwechselnd rot und grün zu blinken.

6. Loggen Sie sich anschließend mit der App in Ihr WLAN-Netzwerk ein. Bei erfolgreicher Verbindung wird die Lampe des Adapters dauerhaft grün leuchten.

7. Abschließend können Sie Ihrem Gerät einen Namen geben und einen Raum zuweisen. Ab sofort können Sie via App auf Ihre Steckdose zugreifen.

TP-LINK in der Alexa-App aktivieren

1. Öffnen Sie die **Startseite** Ihrer Alexa-App und tippen auf **Skills**.

2. Geben Sie in der oberen weißen Suchleiste den Begriff **Kasa** ein und starten Sie die Suche. Alternativ können Sie auch die Kategorie **Smart Home** aufrufen und manuell nach dem Skill **TP-LINK Kasa** suchen.

3. Wählen Sie den Skill TP-LINK Kasa aus und tippen Sie auf das Feld **Aktivieren**. Daraufhin loggen Sie sich mit Ihrem TP-LINK-Account ein.

4. Öffnen Sie die **Startseite** Ihrer Alexa-App und wählen Sie **Smart Home** aus.

5. Tippen Sie unter **Geräte** auf das blaue Feld **Suche**. Nach einer kurzen Wartezeit müsste in den Suchergebnissen **TP-LINK Kasa** erscheinen.

6. Der Setup ist damit abgeschlossen. Sie können nun Ihrem TP-LINK-Gerät über Alexa Sprachbefehle zuweisen.

Befehl: **Alexa ...**

... schalte (Name der Steckdose) ein/aus.

Kamera anzeigen

Mit Alexa können Sie den Live-Feed Ihrer Smart-Home-Kameras ganz einfach per Sprachbefehl auf dem Display von Echo Show (sowie auf Fire TV) anzeigen lassen. Die meisten der verfügbaren Smart-Home-Kameras sorgen selbst bei Nacht für einen klaren Überblick, sind dank Wetterbeständigkeit sowohl für Innen- als auch wie Außeneinsätze geeignet und liefern eine gute Videoqualität.

Unterstützte Produkte: Nest Cam, Netgear Arlo

Beispiel-Setup: Netgear Arlo

1. Installieren Sie die Kamera Arlo von Netgear gemäß Anleitung an einem Platz Ihrer Wahl und richten Sie die WLAN-Verbindung ein.

2. Laden Sie die zugehörige App von **Arlo** aus einem App Store herunter und führen Sie die Installation durch.

3. Legen Sie sich einen Account an und loggen Sie sich ein.

4. Geben Sie Ihrer Kamera einen Namen, um diesen später in den Sprachbefehl von Alexa einzubinden.

Arlo Pro in der Alexa-App aktivieren

1. Öffnen Sie die **Startseite** Ihrer Alexa-App und tippen auf **Skills**.

2. Geben Sie in der oberen weißen Suchleiste den Begriff **Arlo** ein und starten Sie die Suche. Alternativ können Sie auch die Kategorie **Smart Home** aufrufen und manuell nach dem Skill **Arlo DE** suchen.

3. Wählen Sie den Skill Arlo DE aus und tippen Sie auf das Feld **Aktivieren**. Daraufhin loggen Sie sich mit Ihrem Arlo-Account ein.

4. Öffnen Sie die **Startseite** Ihrer Alexa-App und wählen Sie **Smart Home** aus.

5. Tippen Sie unter **Geräte** auf das blaue Feld **Suche**. Nach einer kurzen Wartezeit müsste in den Suchergebnissen **Arlo** erscheinen.

6. Der Setup ist damit abgeschlossen. Sie können nun Ihrer Smart-Home Kamera via Echo Show Sprachbefehle zuweisen.

Beispiel-Befehle: **Alexa ...**

... zeige/zeige die Kamera (Name der Kamera).
... verberge/verberge die Kamera (Name der Kamera).
... stopp die Kamera (Name der Kamera).
... gehe auf Startseite.

Saugroboter

Alexa kann sich ebenso in Zusammenarbeit mit einem

WLAN-fähigen Staubsaugerroboter als Haushaltshilfe bewähren und Ihnen somit auf Dauer viel Zeit und Mühe für die tägliche Reinigung in Ihren vier Wänden ersparen.

Unterstütztes Modell: Neato Botvac Connected

Mit Hilfe der präzisen LaserSmart-Navigation scannt der leistungsstarke Saugroboter von Neato Ihre einzelnen Räume und unterteilt diese in virtuelle Reinigungseinheiten, um im Anschluss eine systematische Reinigung durchzuführen. Hindernisse werden dank Echtzeit-Raumerkennung erkannt und umfahren – sogar im Dunkeln. Ist der Akku des Staubsaugers aufgebraucht, fährt er selbstständig zu einer vorher festgelegten Ladestation, um seine Arbeit später dort fortzusetzen, wo er aufgehört hat. Mit der begleitenden App von Neato können Sie Ihren smarten Staubsauger von überall aus starten, steuern und Zeiträume für Reinigungen planen – nun auch mit Alexa.

Setup Neato Botvac Connected

1. Laden Sie die zugehörige App von **Neato Robotics** aus einem App Store herunter und führen Sie die Installation durch.

2. Legen Sie sich einen Account an, loggen Sie sich ein und wählen Sie das Modell Ihres Neato-Saugroboters aus.

3. Richten Sie am Display Ihres Roboters unter **Einstellungen** eine WLAN-Verbindung ein. Wenn die Verbindung erfolgreich ist, wird ein Wi-Fi-Symbol links oben im Home-Screen angezeigt.

4. Starten Sie via App eine Verbindung mit dem Saugroboter.

Wählen Sie dafür aus der Liste an verfügbaren Netzwerken Ihr Heimnetzwerk aus und geben Sie Ihr Passwort ein. Nachdem Sie Ihrem Saugroboter einen Namen gegeben haben und das blinkende **X** auf dem Display des Roboters einer Internetleiste gewichen ist, ist die Internet-Einrichtung abgeschlossen.

5. Ab sofort können Sie via App auf Ihren Neato-Saugroboter zugreifen. Außerdem können Sie eventuelle Voreinstellungen für das Saugverhalten Ihres Roboters festlegen.

Neato in der Alexa-App aktivieren

1. Öffnen Sie die **Startseite** Ihrer Alexa-App und tippen auf **Skills**.

2. Geben Sie in der oberen weißen Suchleiste den Begriff **Neato** ein und starten Sie die Suche. Alternativ können Sie auch die Kategorie **Smart Home** aufrufen und manuell nach dem Skill **Neato** suchen.

3. Wählen Sie den Skill von Neato aus und tippen Sie auf das Feld **Aktivieren**. Daraufhin loggen Sie sich mit Ihrem Neato-Account ein und autorisieren damit den Skill.

Befehle: **Alexa ...**

... sage Neato zu reinigen.
... sage Neato zu stoppen.
... sage Neato zu pausieren.
... sage Neato fortzufahren.

Smart-Home-Plattform

Mit dem **Home Control Starter Paket** der Firma devolo schaffen Sie die Grundlage für ein umfassend vernetztes Smart Home. In dem Paket sind ein Tür-/Fensterkontakt, ein Zentralmodul und eine Schalt- beziehungsweise Messsteckdose enthalten. Weitere Komponenten, wie etwa ein Raumthermostat, ein Heizungsthermostat sowie ein Bewegungsmelder, können separat erworben und Ihrem bestehenden Smart-Home-System von devolo mit geringem Aufwand hinzugefügt werden.

Setup devolo Home Control Starter Paket

1. Laden Sie die zugehörige App von **devolo Home Control** aus einem App Store herunter (oder rufen Sie wahlweise über Ihren Internetbrowser die Seite mydevolo.com auf) und erstellen Sie ein Benutzerkonto.

2. Entfernen Sie die Komponenten des Starter-Kits aus dem Karton und schließen Sie die **Zentraleinheit** an eine Steckdose an.

3. Wählen Sie im Auswahlbildschirm **Home Control** und klicken Sie anschließend auf das **+ Symbol**, um Ihre Adresse einzutragen. Klicken Sie auf den **Pfeil**, um die Adresse zu bestätigen.

4. Im folgenden Bildschirm wird Ihnen angezeigt, dass mindestens eine devolo-Komponente (Zentrale) gefunden wurde. Klicken Sie auf **Akzeptieren**, um fortzufahren.

5. Drücken Sie auf der Zentrale kurz auf die Taste mit dem Haken auf der Vorderseite. Im Anschluss wird Ihre Zentrale mit der neuesten Gerätesoftware aktualisiert. Trennen Sie während des Vorgangs die Zentrale nicht vom Stromnetz.

6. Wenn die Aktualisierung erfolgt und Ihre Zentrale damit eingerichtet ist, drücken Sie im Bildschirm auf **Fertigstellen & Geräte hinzufügen**.

Installation der Schalt-/Messsteckdose

1. Schließen Sie Ihre Schaltsteckdose an. Daraufhin wird das LED-Licht an der Vorderseite des Geräts rot aufblinken und sollte nach kurzer Zeit dauerhaft rot leuchten.

2. Fügen Sie im Auswahlbildschirm Ihre Schaltsteckdose der Geräteliste hinzu. Wählen Sie danach einen Namen, ein Symbol und den Standort des Geräts aus.

3. Sodann können Sie in der Geräteliste auf die Steckdose zugreifen und bei **Zustand** mit Hilfe des Schiebers ein an die Steckdose angeschlossenes Gerät (zum Beispiel eine Lampe) ein- und ausschalten.

Installation des Tür-/Fensterkontakts

1. Ziehen Sie den schwarzen Plastikstreifen auf der Rückseite des Geräts ab. Das Gerät wird daraufhin für 2 Minuten rot blinken.

2. Fügen Sie im Auswahlbildschirm Ihren Tür-/ Fensterkontakt der Geräteliste hinzu.

3. Bringen Sie die beiden mitgelieferten Klebestreifen an den Gerätekomponenten an und befestigen Sie sie gemäß Anleitung nebeneinander an einer Tür, einem Fenster oder einer Schublade.

Regeln einrichten

Wenn alle Komponenten eingerichtet wurden, können Sie bestimmte Regeln für den Umgang mit Ihren Geräten festlegen, wodurch komplexe wie kreative Steuerungsmöglichkeiten für Ihr vernetztes Zuhause ermöglicht werden. Regeln laufen bei devolo mit einem Wenn-dann-Prinzip ab. Wenn also etwas ausgelöst wird, soll etwas Bestimmtes passieren. Um das Prinzip zu veranschaulichen, soll im folgenden Beispiel die Regel **Geöffnete Tür – Steckdose an** erstellt werden.

1. Klicken Sie dafür im Auswahlbildschirm oben auf den Reiter **Regeln** und richten Sie via **+ Symbol** eine neue Regel ein.

2. Geben Sie der Regel in dem oberen weißen Feld einen Namen. In unserem Beispiel soll die Regel nun **Tür offen** genannt werden.

3. Danach gilt es, die Geräte-Komponenten, welche in der Regel integriert sein sollen, per Drag and Drop von unten in den oberen Bereich zu ziehen. Für unser Beispiel ziehen Sie nun das Gerät **Tür-/Fensterkontakt** in den **Wenn-Bereich** und geben als Zustand **geöffnet** an.

4. Ziehen Sie anschließend Ihre **Schalt-/Messsteckdose** in den **Dann-Bereich** und bewegen den Schieber nach rechts, um die Steckdose in den aktivierten Zustand zu versetzen.

5. Speichern Sie die Regel mit dem Haken rechts oben ab.

6. Nun müssen Sie eine zweite Regel für den Zustand erstellen, wenn die Tür wieder geschlossen wird. Klicken Sie abermals im Auswahlbildschirm oben auf den Reiter **Regeln** und richten Sie via **+ Symbol** eine neue Regel ein.

7. Nennen Sie die Regel nun **Tür zu** und ziehen Sie das Gerät **Tür-/Fensterkontakt** in den **Wenn-Bereich**. Geben Sie als Zustand **geschlossen** an.

8. Ziehen Sie anschließend Ihre **Schalt-/Messsteckdose** in den **Dann-Bereich** und lassen den Schieber links, um ihn in den deaktivierten Zustand zu versetzen.

9. Speichern Sie die zweite Regel erneut mit dem Haken rechts oben ab. Ihre ersten Regeln sind damit fertig eingerichtet. Wenn Sie nun Ihren Türkontakt öffnen, wird sich Ihre Schaltsteckdose (und damit eine eventuell verbundene Lichtquelle) einschalten. Wenn Sie die Tür wieder schließen, wird sich die Steckdose deaktivieren.

Szenen einrichten

Zusätzlich können Sie bei devolo spezielle Szenen erstellen. Mit den Szenen, welche unter einem gemeinsamen Namen gefasst werden, sorgen Sie per Play-Button dafür, dass bestimmte Geräte-Aktionen ausgelöst werden. So können Sie beispielsweise für die Szene "Bettzeit" festlegen, dass die Steckdose im Raum (und gleichzeitig eine angeschlossene Lichtquelle) ausgeschaltet sowie die Temperatur eines devolo-Heizkörperthermostats gesenkt werden.

1. Klicken Sie dafür im Auswahlbildschirm oben auf den Reiter **Szenen** und richten Sie via **+ Symbol** eine neue Szene ein.

2. Geben Sie der Szene in dem oberen weißen Feld einen Namen und ziehen Sie die Geräte-Komponenten, welche in Ihrer Szene integriert sein sollen, per Drag and Drop von unten in den oberen Bereich.

3. Klicken Sie rechts auf den Haken, um die gewünschte Szene abzuschließen.

Durch die Integration eines entsprechenden Skills kann Alexa mit Ihrem devolo-Smart-Home-System kommunizieren und sämtliche von Ihnen erstellten Szenen einzuleiten.

Den devolo-Skill in der Alexa-App aktivieren

1. Öffnen Sie die **Startseite** Ihrer Alexa-App und tippen auf **Skills**.

2. Geben Sie in der oberen weißen Suchleiste den Begriff **devolo** ein und starten Sie die Suche. Alternativ können Sie auch die Kategorie **Smart Home** aufrufen und manuell nach dem Skill **devolo** suchen.

3. Wählen Sie den Skill **develo Home Control** aus und tippen Sie auf das Feld **Aktivieren**. Daraufhin loggen Sie sich mit Ihrem devolo-Account ein und autorisieren damit den Skill.

Zum aktuellen Zeitpunkt ist es wichtig, dass Sie Ihre Alexa-Sprachbefehle in Zusammenhang mit den devolo-Szenen stets mit den Worten "öffne/starte/frage devolo..." beginnen oder mit "...mit devolo" abschließen.

Beispiel-Szene: "Licht im Schlafzimmer an" (könnte eine mit einer Lampe verbundene Steckdose im Schlafzimmer einschalten)

Beispiel-Befehl: "Alexa, schalte Licht an im Wohnzimmer mit devolo."

Beispiel-Szene: "Heizung in der Küche" (könnte ein Heizungsthermostat in der Küche regeln)
Beispiel-Befehl: "Alexa, öffne devolo und stelle die Heizung in der Küche auf 21 Grad."

Sie können darüber hinaus die Sprachbefehle "Alexa, durchsuche devolo nach meinen Szenen" oder "Alexa, welche Szenen habe ich bei devolo" nutzen, um eine Übersicht über Ihre erstellten Szenen zu erhalten.
Weiterhin ist es für das Verständnis einer Szene wichtig, dass Sie simple Bezeichnungen für Ihre Geräte, Standorte oder Detailangaben verwenden. So ist Alexa beispielsweise der Begriff "Wohnzimmer" eindeutig geläufiger als weniger verbreitete Bezeichnungen wie "Stube" oder "Salon".
Wenn Sie unsicher sind, ob Ihre verwendeten Szenen-Bezeichnungen von Alexa verstanden werden, können Sie in der Info des devolo-Skills eine Liste mit Begriffen einsehen, die Alexa laut Entwickler definitiv zuordnen kann.

Wichtig: Wenn Sie Ihr Smart Home mit Echo steuern, kann jeder, der mit Alexa spricht, auf die Geräte zugreifen. Achten Sie also im Besonderen darauf, dass kein Unbefugter eventuell vernetzte Alarmanlagen, Türschlösser oder Garagentore missbrauchen kann. Zur Sicherheit sollten Sie Alexas Mikrofone ausschalten oder den virtuellen Sprachassistenten ganz vom Stromnetz trennen, wenn sie außer Haus sind.

7. Skills

Was sind Skills?

Neben den Smart-Home-Diensten stehen Ihnen eine ganze Reihe Partner-Apps (Skills) zur Auswahl, mit denen die Fähigkeiten Ihres Echos erweitert werden können. Die Anzahl der Skills wird für den deutschen Markt kontinuierlich gesteigert. So ist es mittlerweile möglich, mit Alexa eine Pizza zu bestellen, den eigenen Kontostand zu überprüfen, Blumen zu verschicken, interaktive Geschichten zu erleben und beliebte Quizspiele zu spielen.

Sie können sämtliche Dienste auf der **Startseite** Ihrer Alexa-App unter dem Bereich **Skills** einsehen. In der Kategorie **Neuheiten** sehen Sie, welche Skills neu dazugekommen sind. Schauen Sie also regelmäßig in die Skill-Liste, um zu sehen, ob neue nützliche Funktionen für Ihren Echo Show erhältlich sind. In der Liste mit Skills können Sie außerdem anhand der Sterne-Wertung (1–5) erkennen, ob ein Skill bereits gut funktioniert oder ob noch Verbesserungsbedarf notwendig ist.

Zu den erhältlichen Skills zählen das Taxi-Portal "MyTaxi", die Musikdienste "Spotify" und "TuneIn", die Rezepte-Apps "Chefkoch.de" und "Kitchen Stories" sowie Nachrichten-Portale wie "Bild", "Tagesschau.de", "n-tv" und "Spiegel Online".

Wenn Sie einen Skill verwenden möchten, wählen Sie **Skill aktivieren** aus und sagen zu Alexa "Öffne (Name des Skills)". Wollen Sie einen Skill nicht mehr verwenden, wählen Sie in der App **Deaktivieren** aus oder sagen Sie zu Alexa "Deaktiviere (Name des Skills)".

Indem Sie **Skills** aufrufen und rechts oben auf **Ihre Skills** tippen, werden Ihnen Ihre aktivierten Skills aufgelistet. Damit können Sie einzelne Skills verwalten und die spezifischen Befehle eines Skills schnell nachschlagen.

Anmerkung: Für die Nutzung einiger Skills kann es erforderlich sein, dass Sie ein bestehendes Konto oder ein gesondertes Abonnement verknüpfen müssen.

Nützliche Skills für Alexa (Auswahl)

1. mytaxi

Mit diesem Skill wird Sie ein Taxi von Zuhause oder an Ihrem Arbeitsplatz abholen. Dafür müssen Sie den Skill aktivieren, mit ihrem mytaxi-Account verbinden und die Zieladresse angeben.

Befehle: **Alexa ...**

... ruf mir ein Taxi bei mytaxi.

... sag mytaxi, ich möchte von Zuhause abgeholt werden.

... frage mytaxi, wo mein Taxi bleibt.

2. Hauptstadt Quiz

Mit diesem Quiz können Sie mit Hilfe von Alexa Ihr Wissen rund um die Hauptstädte dieser Welt auffrischen. Die Quizfragen lassen sich dabei auf Europa, Asien, Afrika, Australien, Amerika oder nach deutschen Bundesländern unterteilen.

Befehle: **Alexa ...**

... öffne Hauptstadt-Quiz.

... starte das (Europa/Asien/Afrika/Australien/Amerika /Deutschland) Quiz.

... die Antwort ist / (Name der Hauptstadt).

... gib mir Antwortmöglichkeiten.

... sag mir den Anfangsbuchstaben.

... wiederhole die Frage.

... wie ist der Spielstand?

... keine Ahnung.

... korrigiere die letzte Antwort.

... stopp.

3. Rollenspiel Soloabenteuer (Ferenc Hechler)

Bei diesem gelungen Skill zeigt sich, dass Alexa eine hervorragende Plattform für unterhaltsame Fantasy-Abenteuer bietet. Bei dieser interaktiven Geschichte, die ursprünglich für die "Das-Schwarze-Auge"-Reihe von Josef Bohnhoff geschrieben wurde, geht es darum, im Auftrag eines Händlers dessen Habseligkeiten zurückzuholen, welche sich eine feindlich gesinnte Bande von Goblins unter den Nagel gerissen hat. Dafür muss der Spieler als Held nach Andergast reisen, den Schlupfwinkel der Goblins ausfindig machen und die Habseligkeiten im Kampf zurückerobern.

Das Spiel nutzt das Regelsystem "Das Schwarze Auge (DSA) 4.1" und ist für die Stufen 1–3 geeignet. Die Spielzeit soll ca. eine Stunde in Anspruch nehmen.

Befehle: **Alexa...**

... starte Rollenspiel.

... wiederhole alles.

... neues Spiel.

4. GALA

Mit Hilfe des GALA-Skills können Sie ein Quiz aktivieren, bei dem Sie Ihr Promi-Wissen unter Beweis stellen können. Zu jeder Frage müssen Sie aus drei Antwortmöglichkeiten wählen. Nach gegebener Antwort sagt Ihnen Alexa die richtige Lösung und verrät Ihnen am Ende, ob Sie sich in der Welt der Prominenten gut auskennen.

Befehl: **Alexa ...**

... öffne GALA.

5. Chefkoch

Dieser Skill ermöglicht Ihnen den Zugang zu 300.000 Rezepten. Sie können sich die Zutaten für ein Gericht von Alexa vorlesen lassen und sich das Rezept auf Ihre Alexa-App schicken lassen.

Befehle: **Alexa ...**

... frage Chefkoch nach dem Rezept des Tages.
... frage Chefkoch nach dem Rezept für Spaghetti Bolognese.
... frage Chefkoch nach vegetarischen Rezepten.

6. Reise nach Jerusalem (Kay Lerch)

Dieser beliebte Spielklassiker, der auf keinem Kindergeburtstag fehlen sollte, erfährt mit diesem Skill für Alexa eine gelungene Umsetzung. Alles was Sie für die Durchführung brauchen, ist ein Stuhlkreis, um den sich eine beliebig große Spielgruppe versammelt. Der Stuhlkreis muss dabei so angeordnet sein, dass es einen Stuhl weniger als Teilnehmer gibt.

Sobald Sie nun den Sprachbefehl "Alexa, starte die Reise nach Jerusalem" sagen, spielt Alexa Musik ab, die die Teilnehmer zum Tanz um den Stuhlkreis animieren soll. Alexa wird die Musik irgendwann zufällig stoppen, woraufhin sich die Kinder auf die freien Stühle setzen müssen. Wer keinen Stuhl ergattern kann, muss das Spiel verlassen.

Nachdem ein weiterer Stuhl entfernt wurde, setzen Sie das Spiel mit dem Befehl "Alexa, setze die Reise nach Jerusalem fort" wieder in Gang und wiederholen den Ablauf, bis ein Teilnehmer sich auf den letzten freien Stuhl gesetzt hat.

Befehle: **Alexa...**

... starte die Reise nach Jerusalem.
... setze die Reise nach Jerusalem fort.
... frage Reise nach Jerusalem nach Hilfe.

7. Lotto Info

Wenn Sie die aktuellen Lottozahlen erfragen wollen, hilft Ihnen die App von Lotto Info weiter. Die Informationen beschränken sich auf deutsche Lotterien wie 6 aus 49, Super 6 und Spiel 77.
Befehle: **Alexa ...**

... frage Lotto Info nach den Lottozahlen.
... frage Lotto Info nach den Lottozahlen für Spiel 77.

Wenn Sie darüber hinaus die Lottozahlen aus dem Eurojackpot erfahren möchten, können Sie die App namens **EuroJackpot Info** aktivieren.

Befehle: **Alexa ...**

... öffne EuroJackpot Info.
... frage EuroJackpot Info nach den Lottozahlen.

8. Deutsche Bahn

Mit dem Skill der Deutschen Bahn ist es Ihrem Echo möglich, aktuelle Informationen über Bahn-Verbindungen zu erfahren – deutschlandweit.
Dafür sind zum Start etwa 9.000 von der Bahn selbst betriebene Bahnhöfe integriert. Da Ihr Echo direkt über die Fahrplanauskunft mit der Deutschen Bahn verbunden ist, weiß Alexa bestens über Anfahrts- beziehungsweise Abfahrtszeiten sowie über die Anzahl der Umstiege Bescheid und kann ebenso Auskünfte über Züge ins Ausland erteilen.

Befehle: **Alexa ...**

... frage Deutsche Bahn nach einer Verbindung von Berlin Hauptbahnhof nach Frankfurt am Main Hbf. heute um 14:30 Uhr.

... frage Deutsche Bahn, wann der nächste Zug von Köln nach Bonn fährt.

9. Blitzer NRW by POIbase (pocketnavigation.de GmbH)

Wenn Sie in Nordrhein-Westfalen wohnen und Bescheid wissen möchten, auf welchen Straßen Geschwindigkeitskontrollen vorgenommen werden, kann Ihnen dieser Skill helfen. Verknüpft mit der POI-Database, gibt Alexa Ihnen tagesaktuell die nötigen Informationen über mobile Blitzer.

Geben Sie bei Ihrem Sprachbefehl einfach Ihre Stadt oder Ihre Postleitzahl an, um zu erfahren, welche Radarfallen im Umkreis von 15–30 km aufgestellt wurden.

Befehle: **Alexa ...**

... frage pocketnavigation wo stehen Blitzer in Köln?
... wo stehen Blitzer in Bonn?
... wo wird heute in 33098 Paderborn geblitzt?

10. Mein Auftrag – Detektivspiel (Jürgen Carstensen)

Wenn Sie schon immer mal Detektiv spielen wollten, bietet Ihnen dieser unterhaltsame Skill von Jürgen Carstensen die passende Möglichkeit. In "Mein Auftrag" schlüpfen Sie in die Rolle des Privatdetektivs Steven Brown, der gemeinsam mit seiner Assistentin Alexa einen kniffligen Fall lösen muss. Die interaktive Geschichte, bei der Sie gut zuhören und auf Details achtgeben müssen, wird mit einer passenden Geräuschkulisse unterlegt und nimmt ca. 45 Minuten in

Anspruch.

Befehle: **Alexa ...**

... starte Mein Auftrag.
... öffne Mein Auftrag.
... spiele Mein Auftrag.
... pause (pausiert den Fall).
... überspringen (überspringt eine Szene).
... zurück (wiederholt eine Szene).
... wiederholen (wiederholt eine Beschreibung).
... Hilfe (für Tipps).
... beenden/Ende (Spiel beenden)

11. Blackjack (Maik Schmidt)

Mit dem kurzweiligen Skill von Maik Schmidt verwandelt sich Alexa in die Kartengeberin eines Casinos. Sie spielen mit vier Kartendecks à 52 Karten. Zu Beginn einer Runde werden Ihnen zwei Karten zugeteilt, während Alexa für sich eine Karte zieht. Danach entscheiden Sie, ob Sie weitermachen möchten oder nicht. Ziel des Spiels ist es, Alexa auf folgende Weisen zu besiegen:

1. Wenn Sie mit den ersten zwei Karten einen Blackjack (21 Punkte) erzielen.

2. Wenn Sie mit Ihren nacheinander gezogenen Karten einen Endpunktestand erreichen, der gleich oder höher ist als der von Alexa, ohne dabei den Wert von 21 Punkten zu überschreiten.

3. Wenn Sie Alexa dazu bringen, so lange zusätzliche Karten zu ziehen, bis sie den Punktestand von 21 überschreitet. Hat Alexa 16 oder weniger Punkte, muss sie Karten ziehen, bis sie 16 oder mehr Punkte erreicht hat. Ab 16 Punkten darf Alexa keine Karten mehr ziehen.

Bei dem Spiel zählen Asse 11 Punkte, Bildkarten 10 Punkte und alle anderen Karten ihren aufgedruckten Wert.

Befehle: **Alexa ...**

... starte Blackjack.

... stopp.

Premium In-Skill-Käufe

Dabei handelt es sich um qualitativ hochwertige Skills, bei denen der Nutzer die Möglichkeit hat, In-Skill-Käufe zu tätigen oder ein Abo-Modell zu nutzen.

Die Premium-Skills finden Sie wie gewohnt im Amazon Skill Store. Dazu gehören unter anderem "Rätsel des Tages", "Burger Imperium" und "Handy Finder".

8. Erweiterte Funktionen

Der Flüstermodus von Alexa

Wenn Sie Ihren Sprachbefehl flüsternd an Alexa herantragen, kann Alexa den Flüstermodus aktivieren und Ihnen fortan geflüsterte Antworten geben.

Optionale Sprachbefehle: **Alexa ...**

... aktiviere den Flüstermodus.
... schalte den Flüstermodus an/aus.

Sprechgeschwindigkeit einstellen

Sie haben die Möglichkeit, die Sprechgeschwindigkeit von Alexa ihren persönlichen Vorlieben anzupassen. Zur Auswahl stehen das Standardtempo sowie vier schnelle und zwei langsame Varianten.

Sprachbefehle: **Alexa ...**

... sprich schneller.
... sprich langsamer.
... sprich mit normaler Geschwindigkeit.

Die Region von Echo Show ändern

Wenn Sie die englische Sprache gut beherrschen, könnte sich eine Umstellung der Region für Ihren Echo Show lohnen. Amazons digitaler Sprachassistent verfügt nämlich in den USA über höher entwickelte Spracherkennungs-Mechanismen und einen deutlich größeren Funktionsumfang als hierzulande. Neben erweiterten

Nachrichtenquellen für Ihren persönlichen News Flash erlaubt Ihnen die regionale Umstellung auf die USA Zugriff auf mehr als 10 000 Skills.

So ändern Sie die regionale Einstellung Ihres Echos

1. Öffnen Sie Ihre Alexa-App und klicken Sie auf **Einstellungen**. Wählen Sie den **Namen Ihres Echos** aus und tippen Sie auf **Sprache**. Wählen Sie **English (United States)** aus und klicken Sie unten auf den Banner **Änderungen speichern**. Nach kurzer Umstellungszeit (gelber Lichtring) wird Alexa fortan auf Sprachbefehle in Englisch reagieren.

2. Rufen Sie Ihr **Benutzerkonto** bei der deutschen Amazon-Webseite auf und klicken Sie auf **Meine Inhalte und Geräte**. Tippen Sie rechts auf **Einstellungen.**

3. Unter der Option **Ländereinstellungen** finden Sie innerhalb eines kleingedruckten Satzes das blau markierte Wort **hier**, welches Sie anklicken müssen. Daraufhin öffnet sich die Option für den Wechsel zu Amazon.com. Klicken Sie erneut im Kleingedruckten auf die blau markierten Wörter **Weitere Informationen zu.**

4. Im Anschluss wird via Tabelle aufgelistet, welche Inhalte sich bei der Kontoübertragung von .de zu .com ändern. Klicken Sie auf die gelbe Schaltfläche **Kindle-Konto übertragen**, um Ihre Inhalte und Kontoeinstellungen automatisch zu übertragen.

5. Schließen Sie Ihre Alexa-App und starten Sie sie neu. Im Skill-Shop werden nun die Skills aus den USA aufgelistet.

Die Umstellung kann jederzeit wieder rückgängig gemacht werden. Zur Übertragung des Kontos müssen Sie statt der deutschen Amazon-Webseite dann lediglich die englische Amazon-Seite aufrufen und die einzelnen Schritte einfach wiederholen: Account & Lists > Manage Your Content and Devices > Settings > Country Settings > Klicken Sie auf das blau markierte Wort **here** > Klicken Sie auf die blau markierten Wörter **Learn about** > Klicken Sie auf die **gelbe Schaltfläche**, um Ihr Konto wieder auf die deutsche Amazon-Webseite zu übertragen.

Multiroom-Gruppenwiedergabe

Seit dem Update im August 2017 haben Sie die Möglichkeit, mehrere Echo-Geräte zu gruppieren, um so dieselbe Musik in verschiedenen Räumen abzuspielen. Dabei müssen sämtliche Geräte, die Sie für Multiroom-Gruppenwiedergabe nutzen möchten, mit dem gleichen WLAN-Netzwerk verbunden sein. Darüber hinaus ist es wichtig, dass Sie Ihren Amazon-Lautsprechern einen Gruppennamen zuweisen, den Sie sich gut merken können. So können Sie Ihre Geräte idealerweise nach den entsprechenden Räumlichkeiten (Schlafzimmer, Küche etc.) benennen, in denen sie sich befinden.

Multiroom-Gruppe für mehrere Echo (Dot)-Lautsprecher erstellen

1. Rufen Sie die den Bereich **Smart Home** Ihrer Alexa-App auf, tippen Sie auf den Menüpunkt **Gruppen** und dann auf **Gruppe erstellen**.

2. Wählen Sie **Multiroom Musik-Gruppe** aus.

3. Wählen Sie einen voreingestellten Gruppennamen aus oder tippen Sie bei **Benutzerdefinierter Name** einen eigenen Gruppennamen ein.

4. Geben Sie Ihren gewünschten Gruppennamen ein und markieren Sie im Anschluss die Geräte, die der Gruppe zugeordnet werden sollen.

5. Tippen Sie auf **Gruppe erstellen** und danach auf **Schließen**, um die Gruppenauswahl zu beenden.

Anmerkung: Aktuell kann die synchrone Audiowiedergabe über mehrere Echo-Lautsprecher nur aus dem Internet erfolgen. Zu den unterstützten Streamingdiensten zählen Amazon (Prime) Music und TuneIn. Eine synchrone Wiedergabe von lokaler Musik via Bluetooth ist derzeit nicht möglich, da die Bluetooth-Übertragung unterbrochen wird, sobald die Multiroom-Funktion aktiv ist.

Beispiel-Befehle: **Alexa ...**

... spiele TuneIn (Gruppenname).
... spiele meine Playlist (Name der Playlist) auf (Gruppenname).

IFTTT mit Echo Show verbinden

IFTTT ist die Abkürzung für den englischen Wortlaut "If this then that", was auf Deutsch "Wenn dies dann das" bedeutet. Dabei handelt es sich um einen vielseitigen Dienst, der es Ihnen erlaubt, verschiedenste Webanwendungen mit Hilfe von voreingestellten Anweisungen auszuführen. Um dies zu erreichen, können Benutzer sogenannte "Applets" ("Rezepte") erstellen. Ein Rezept besteht aus dem "this"-Teil, genannt Trigger (Auslöser) sowie dem "that"-Teil, also der Aktion, die es auszulösen gilt.
Durch die zahlreichen Anwendungen sind die Möglichkeiten

von IFTTT recht vielfältig. So können Sie beispielsweise Alexa über IFTTT anweisen ...

... Smart-Home-Geräte zu steuern,

... E-Mails und SMS-Nachrichten zu verschicken,

... Tweets von Ihrem Twitter-Konto zu senden,

... Ihren Facebook-Status zu aktualisieren,

... Ihr verlegtes Smartphone klingeln zu lassen.

Obwohl die Nutzeroberfläche von IFTTT noch ausschließlich auf Englisch eingestellt ist, gestaltet sich das Erstellen von Rezepten nach kurzer Eingewöhnungszeit recht einfach. Für ein besseres Verständnis soll im Folgenden veranschaulicht werden, wie Sie Alexa über IFTTT anweisen, eine Twitter-Nachricht von Ihrem Twitter-Konto zu verschicken.

1. Laden Sie die App von **IFTTT** aus einem App Store (beispielsweise bei Google Play oder im Apple App Store) herunter und führen Sie die Installation aus. Ebenso können Sie auf Ihrem Computer die Internetseite IFTTT.com aufrufen und sich bei **Sign In** mit Ihrem persönlichen Account einloggen. Wenn Sie noch keinen Account besitzen, können Sie mit **Sign Up** ein kostenloses Konto anlegen.

2. Sobald Sie bei IFTTT eingeloggt sind, geht es darum, ein neues Rezept zu erstellen. Dafür gehen Sie auf Ihr Profil und rufen **New Applet** auf.

3. Klicken Sie im Anschluss auf das blau markierte **+ this**.

4. Bei **Choose a Service** geht es nun darum, den **Service**

auszuwählen, mit dem ein Trigger (Auslöser) gestartet werden soll. Um Ihr Alexa-Gerät als Service einzubinden, tippen Sie "Alexa" oder "Amazon Alexa" in die Suchleiste mit dem Lupen-Symbol ein. Wählen Sie den Dienst **Amazon Alexa** aus und verknüpfen Sie ihn anschließend mit Ihrem Amazon-Konto.

5. Nun gilt es, den gewünschten **Auslöser** auszuwählen. Ein Auslöser kann vielfältig sein. Beispielsweise können Sie es so einrichten, dass Alexa eine Aktion auslöst, wann immer Sie etwas zu Ihrer Einkaufs- beziehungsweise To-do-Liste hinzufügen, löschen oder editieren, Alexa nach einem Sportergebnis fragen oder der Alarm Ihres Echos deaktiviert wird.

In unserem Beispiel soll es nun darum gehen, Alexa einen **Auslöser per Sprachbefehl** ausführen zu lassen. Dafür wählen Sie die Option **Say a specific phrase**. Denken Sie sich im Anschluss einen x-beliebigen Satz oder ein Signalwort aus.
Um den Auslöser zu starten, müssen Sie "Alexa, trigger [Satz/Wort]" sagen. Da im aktuellen Beispiel Twitter-Nachrichten über IFTTT versendet werden sollen, tippen Sie hier beispielsweise das Wort "Tweet" ein und klicken danach auf **Create Trigger.**

6. Danach geht es darum, eine **Aktion** einzustellen. Klicken Sie auf das blau markierte **+ that**. Legen Sie anschließend die gewünschte Aktion fest, indem Sie "Twitter" in die Suchleiste eintippen, auf den Dienst klicken und sich mit Ihrem Twitter-Konto anmelden.

7. Um eine simple Textnachricht zu versenden, wählen Sie daraufhin **Post a Tweet** aus und tippen Ihre Nachricht in das leere Feld ein. Wenn Sie damit fertig sind, klicken Sie auf das untere Feld **Create action**. Ihr Rezept, bestehend aus Auslöser und Aktion, ist damit fertig eingerichtet.

8. Zum Abschluss wird Ihnen bei IFTTT noch einmal angezeigt, dass Sie nun zu Ihrem Echo "Alexa, trigger [Tweet]" sagen müssen, um eine Nachricht mit Ihrem Twitter-Konto abzusenden.

Anmerkung: In der Sektion "My Applets" können Sie Ihre erstellten Rezepte jederzeit editieren oder löschen.

9. Die erweiterte Alexa-Familie

Amazon Echo

Bei dem Amazon Echo der dritten Generation handelt es sich um einen 148 mm hohen und 99 mm breiten Cylinder, der durch eine simple, aber formschöne und robuste Beschaffenheit überzeugt und gegenüber dem ersten Modell deutlich verkleinert wurde. Für die überarbeitete Version hat Amazon seinem Echo zudem äußere Hüllen mit unterschiedlichen Materialvariationen spendiert. So kostet der Echo mit dunklen, grauen oder weißen Anthrazit-Stoff rund 100 Euro.

Ihr Echo ist mit sieben Mikrofonen ausgestattet, die an der Oberseite angebracht sind. Die Mikrofone verfügen über eine Richtstrahltechnologie, welche die empfangenen Signale, also Musik, Geräusche und Stimmen, per Fernfeld-Spracherkennung filtert und über die Amazon Web Services verarbeitet.

Auf der Oberseite befinden sich vier Tasten. Wenn Sie auf die Taste mit dem durchgestrichenen Mikrofon drücken, schalten Sie die Mikrofone Ihres Echos aus (Mute). Ihr Echo wird daraufhin zwar eingeschaltet bleiben (roter Lichtring), aber keine Sprachaufzeichnungen mehr tätigen. Somit stellen Sie Privatsphäre her, ohne dass Sie Ihren Echo jedes Mal umständlich von der Steckdose trennen müssen. Ihr Echo wird erst wieder auf das Aktivierungswort reagieren, wenn Sie die Mikrofontaste erneut betätigen.

Der Knopf mit dem Punkt in der Mitte fungiert als Aktionstaste. Mit dieser können Sie Ihrem Echo Kommandos geben, ohne das Aktivierungswort erwähnen zu müssen, Ihr WLAN aktualisieren sowie aktive Wecker und Timer ausschalten. Hinzu kommt, dass auf der Oberseite – wie beim Echo Dot – zwei Tasten (+ und –) für die manuelle

Lautstärkeregelung integriert wurden.

Für die Unterseite des Echos wurde ein Gummimaterial verwendet, damit das Gerät auf einem ebenen Untergrund rutschfest und sicher in vertikaler Position stehen kann.

Im Inneren Ihres Echos ist ein 20 mm-Hochtonlautsprecher integriert, der den Raum durch reihum verteilte Öffnungen mit einem 360° umfassenden Klang in Dolby-Qualität erfüllt. Dazu gesellt sich ein 76-mm-Woofer, der für satte Bassunterstützung sorgt.

Wie Echo Dot verfügt der Echo der dritten Generation über einen 3,5-mm-Audioanschluss, mit dem Sie einen externen Lautsprecher via Kabel mit Ihrem Echo verbinden können.

Echo Dot

Für rund 59 Euro ist mit dem Echo Dot der dritten Generation eine deutlich preisgünstigere Variante von Amazon Echo erhältlich. Der integrierte Sprachassistent Alexa funktioniert ebenso reibungslos wie beim großen Modell und bietet die gleichen Service-Leistungen und Vernetzungen zu Drittanbietern. In der Verpackung des Dots liegen das Gerät, ein Netzteil (9 W), ein USB-Ladekabel sowie eine Kurzanleitung bei. Wie der Amazon Echo ist auch Echo Dot in dunklem, grauem oder weißen Anthrazit-Stoff erhältlich.

Mit einer Größe von gerade einmal 43 x 99 x 99 mm und einem Gewicht von 300 Gramm fällt Echo Dot allerdings deutlich kompakter aus und erzeugt mit seinem 41-mm-Lautsprecher dementsprechend ein weniger kraftvolles Klangspektrum. Dies lässt sich jedoch dahingehend ändern, als dass Echo Dot via Bluetooth oder separat erhältlichem 3,5-mm-Stereokabel mit einem externen Lautsprecher oder Mikrofon verbunden werden kann. Echo Dot erfüllt also weniger die Aufgabe eines Lautsprechers, sondern wirkt mehr als Vermittler des integrierten Sprachassistenten.

Wie bei den anderen Echo-Modellen muss auch der Echo Dot permanent mit dem Internet und einer Stromquelle verbunden sein. Durch den Micro-USB-Eingang ist es jedoch möglich, den Dot mit einer externen Powerbank für mehrere Stunden mobil zu machen.

An der Oberseite des Echo Dots sind sowohl die vier Eingänge für die Mikrofone als auch vier Tasten verarbeitet. Zwei der Tasten – die Mute-Taste und die Aktionstaste – finden sich ebenso in der größeren Echo-Variante. Da beim Echo Dot der dritten Generation auf einen äußeren Ring verzichtet wurde, mit dem Sie die Lautstärke manuell einstellen können, fungieren die zwei weiteren Tasten (+ und –) dahingehend als manuelle Lautstärkeregler. Der Lichtring an der Oberseite des Echo Dots ist mit dem der größeren Variante identisch und spielt je nach Prozess dieselben Farbschemata ab.

Aufgrund seines schlanken Designs und des günstigen Preises ist Echo Dot als praktische Ergänzung für jeden Raum innerhalb der Wohnung konzipiert worden. So ist es beispielsweise vorstellbar, einen Echo Dot im Schlafzimmer vorwiegend als Wecker zu nutzen, während ein anderer Echo Dot als Küchenassistent dienen oder im Wohnzimmer mit einer Multimedia-Anlage interagieren könnte.

Wenn Sie mehr als einen Echo oder Echo Dot besitzen, reagiert Alexa dank einer besonderen Technik, genannt Echo Spatial Detection (ESP), übrigens von dem Gerät aus, das Ihnen am nächsten ist. Mehrere Echos, die auf einen Account registriert sind, verfügen darüber hinaus in Teilen über identische Einstellungen, etwa bei der Musik, den Smart-Home-Geräten, der Einkaufs- sowie der To-do-Liste. Im Gegensatz dazu müssen Alarm- und Timer-Zeiten, Bluetooth-Verbindungen und Sounds bei mehreren Echo-Modellen individuell angepasst werden.

Echo Plus

Der Echo Plus, der erstmalig am 31. Oktober 2017 eingeführt wurde, richtet sich mit seinem innovativen Konzept vor allem an Smart-Home-Nutzer, die ihre die eigenen vier Wände mit intelligentem Equipment schnell und einfach mit Echo als Basisstation verknüpfen möchten.

Der Echo Plus ähnelt in seiner optischen Erscheinung und den Maßen von 148 x 99 x 99 mm dem Amazon Echo, ist mit seinen 780 Gramm Gewicht (statt 821 Gramm) aber etwas leichter. Mit seinem 76-mm-Woofer und dem 20-mm-Lautsprecher erzeugt Echo Plus einen hochwertigen Klang und verfügt zusätzlich an der Rückseite über einen 3,5-mm-Audioanschluss, mit dem Sie einen externen Lautsprecher via Kabel verbinden können.

Wie bei Echo und Echo Dot stehen Ihnen für Echo Plus drei Farbvarianten (dunkler, grauer oder weißer Anthrazit-Stoff) zur Auswahl.

Im oberen Bereich von Echo Plus sind Eingänge für die sieben Mikrofone, zwei Lautstärketasten, die Aktionstaste sowie die Mikrofon-aus-Taste integriert. Das besondere Element von Echo Plus befindet sich in seinem Inneren. Dort ist nämlich ein integrierter ZigBee-Hub verbaut, welcher die direkte Steuerung von Smart-Home-Geräten erlaubt, ohne den bislang umständlichen Weg über verschiedene Basisstationen zu gehen. Indem Sie den Sprachbefehl "Alexa, suche nach meinen Geräten" verwenden, findet Echo Plus sämtliche im Haushalt befindlichen Lichter und Steckdosen, welche ohne weiteres Zutun des Nutzers eingebunden und per Sprachbefehl von Alexa gesteuert werden können. Dies erlaubt eine deutlich schnellere Verknüpfung von Smart-Home-Geräten und stellt damit einen deutlichen Komfortgewinn für den Nutzer dar.

Echo Plus ist für einen Preis von rund 150 Euro erhältlich. Damit Sie sich sofort von dessen schneller Anbindung ans

Smart Home überzeugen können, wird Echo Plus zusammen mit einer smarten Lampe von Philips Hue ausgeliefert.

Fire TV Stick

Seit dem Release des Fire TV Sticks der zweiten Generation ist der Alexa Voice Service für knapp 40 Euro auf dem heimischen Fernseher abrufbereit. Praktisch: Dank des neuen Updates können ebenso Besitzer von Fire TV auf Alexa zugreifen.

Technik

Der Fire TV Stick ist mit einem MediaTek Quad-Core-Prozessor sowie 1 GB Arbeitsspeicher ausgestattet, während 8 GB interner Speicherplatz und ein 802.11ac WLAN für Spiele und Apps zur Verfügung stehen. Insgesamt bietet der Fire TV Stick eine spürbar leistungsfähigere Hardware gegenüber der Vorgängerversion, wovon in erster Linie die Wiedergabequalität und die Schnelligkeit des Streamings in Full-HD mit 1080p profitieren. Ebenso läuft die Navigation im Menü nun deutlich flüssiger ab.

Installation

Die Installation bzw. Einrichtung des Sticks verläuft in der Regel völlig problemlos und dürfte innerhalb von 5 Minuten erledigt sein. Wichtig ist nur, dass Sie ein Wiedergabegerät mit einem freien HDMI-Eingang zur Verfügung haben und Ihr WLAN-Passwort bereithalten. Ein Ethernet-Anschluss ist nicht vorhanden, womit zwingend eine WLAN-Verbindung notwendig ist.

1. Stecken Sie Ihren Fire TV Stick in einen freien HDMI-

Anschluss eines geeigneten Wiedergabegerätes. Das kann beispielsweise ein TV-Gerät sein oder der Eingang eines Audio-Receivers, welcher das Signal an ein TV-Gerät oder einen Beamer weiterleitet.

2. Schalten Sie das Wiedergabegerät ein, an das Sie Ihren Fire TV Stick angeschlossen haben. Befolgen Sie die Anweisungen am Bildschirm und geben Sie im Laufe des Prozesses Ihr WLAN-Passwort ein. Wenn Sie soweit erfolgreich waren, ist die Einrichtung damit auch schon abgeschlossen.

Funktionen

Wie gewohnt erhalten Sie mit dem Fire TV Stick (und einem damit verbundenen Prime-Abo) Zugriff auf viele Serien und attraktive Filme. Ob Netflix, Prime Video, Mediatheken, Spiele-Apps oder Amazon Music – hier ist unverändert vieles möglich. Dazu wurde eine neue Benutzeroberfläche gestaltet, bei der die einzelnen Menüpunkte, Filme, Serien und Apps nun horizontal dargestellt werden und insgesamt aufgeräumter wirken. Weiterhin gefällt, dass Sie über die Sprache nach beliebigen Filmen und Serien suchen können, ohne dass Sie sich mittels manueller Suche die Finger wundtippen müssen.

Alexa nun auch auf Ihrem Fernseher

Ein großer Pluspunkt besteht in dem Umstand, dass neben den klassischen Funktionen auch Amazons digitale Sprachassistentin Alexa in die Hardware des Fire TV Sticks integriert wurde. Bei der ersten Generation der Fire-TV-Geräte konnte mittels Spracheingabe ausschließlich nach Film- bzw. Serientiteln, Genres oder Schauspielern gesucht werden. Mit Alexa ist jedoch deutlich mehr möglich: Nutzer können sich beispielsweise per Knopfdruck Sport- oder Wetterberichte ansagen lassen, die auf dem TV optisch entsprechend dargestellt und angezeigt werden. Sie benötigen weder das Aktivierungswort Alexa, noch müssen Sie unnötig laut sprechen, damit Alexa Sie versteht. Drücken Sie einfach auf die Mikrofontaste Ihrer Fernbedienung und sprechen Sie mit normaler Lautstärke einen Befehl hinein.

Echo Spot

Bei Echo Spot handelt es sich um ein kompaktes Gerät, welches über die Maße 104 mm x 97 mm x 91 mm verfügt und 420 Gramm schwer ist.
Das abgerundete Design des Echo Spot erinnert in optischer Sicht an einen modernen Radiowecker; den Unterschied machen jedoch die umfangreichen Features, die sich im Inneren des Geräts verbergen.
So verfügt Echo Spot über ein interaktives Video-Display (6,4 cm), um Wetter- und Verkehrsinformationen, Videoclips, To-do-Listen, Rezepte, Termine, aktuelle Nachrichten, Fotos aus Amazons Fotodienst und Songtexte von Amazon Music für den Nutzer zu visualisieren. Zudem erlaubt die integrierte Frontkamera Videotelefonie mit einem Kontakt Ihrer Wahl.
Sprachbefehle werden von vier Mikrofonen mit Fernfeld-Erkennung aufgenommen und verarbeitet.
Dazu beherrscht Echo Spot sämtlichen Funktionen der digitalen Sprachassistentin Alexa und bietet vollwertigen WLAN-, Bluetooth-, Multiroom- und Smart-Home-Support.
Der Sound wird über einen 36-mm-Lautsprecher wiedergeben. Weiterhin erlaubt ein 3,5-mm-Audioeingang den Anschluss von externem Audio-Equipment.
In den USA wurde Echo Spot am 19. Dezember für rund 130 US-Dollar in den Farben Schwarz und Weiß veröffentlicht.
Auf dem deutschen Markt ist Echo Spot am 24. Januar 2018 für rund 130 Euro mit der gleichen Farbauswahl erschienen.

Aktuell ist das Gerät jedoch nicht mehr bei Amazon verfügbar, daher ist es nicht sicher, ob der Verkauf fortgesetzt wird.

Echo Buttons

Bei Echo Buttons handelt es sich um smarte Buzzer, die für Rate- und Geschicklichkeitsspiele konzipiert wurden. Mittels Bluetooth lassen sich die Buttons mit Ihrem Echo verbinden, welcher als virtueller Spielleiter fungiert. Die Echo Buttons reagieren auf Druck und verfügen über eine leuchtende Oberfläche. Für einen kabellosen Einsatz sorgt ein eingebauter Akku im Innern.

Die Steuerung der Spiele erfolgt wie bei Alexa-Geräten üblich über die Sprache. Der Anwender beginnt das Spiel, und von Alexa kommen die passenden Fragen oder Aufgaben, die von den Spielern durchgeführt werden müssen. Der Preis kann sich sehen lassen: Für 19,99 Euro erhalten Sie gleich zwei Echo Buttons.

Echo Sub

Der Subwoofer Echo Sub ist speziell darauf ausgerichtet, in Kombination mit Amazon Echo oder Echo Plus der zweiten Generation in Ihren vier Wänden einen satten Basssound zu erzeugen. Der Subwoofer verfügt über die Maße 210 x 202 mm und bringt etwa 4,2 kg auf die Waage.

Unter dem Gehäuse aus dunklem Textilfabrikat ist ein 152-mm-Downfire-Woofer integriert, der speziell dafür konzipiert wurde, kraftvolle Soundleistungen in hoher Qualität mit 100 Watt Leistung zu erzielen. Sie können sogar zwei separate Echo-Modelle (Echo oder Echo Plus der zweiten Generation) mit Echo Sub koppeln, um den Raum mit Stereoklang zu erfüllen.

Passend dazu erhalten Sie im Amazon-Shop für rund 250

Euro ein Stereo-Bundle aus Echo Sub und zwei Echo-Geräten Ihrer Wahl. Ohne weitere Echo-Geräte kostet Echo Sub knapp 130 Euro.

Echo Input

Mit dem Echo Input können Sie Alexa via Bluetooth oder einem 3,5-mm-Audiokabel sekundenschnell mit einem externen Lautsprecher verbinden.

Das abgerundete, matt glänzende Design von Echo Input ist 14 x 80 x 80 mm groß und wiegt etwa 8o Gramm. Im Innern des Geräts verbergen sich vier Mikrofone, die auf Ihre Sprachbefehle reagieren, um Wetter- und Verkehrsinformationen, To-do-Listen, Rezepte, Termine, Witze und vieles mehr abzuspielen. Dazu beherrscht der smarte Assistent sämtlichen Funktionen von Alexa und bietet vollwertigen WLAN-, Bluetooth-, Multiroom- und Smart-Home-Support.

In Deutschland wurde Echo Input am 12. Dezember 2018 für einen Preis von rund 39,99 Euro veröffentlicht.

Echo Wall Clock

Bei diesem Gerät aus dem Hause Amazon handelt es sich um eine smarte Wanduhr mit einem eingebauten LED-Display mit den Maßen 254 mm x 254 mm x 41 mm.

Da die Uhr über keine eigene Alexa-Sprachsteuerung verfügt, benötigt sie ein kompatibles Echo-Gerät (Echo, Echo Dot, Echo Show, Echo Plus, Echo Spot, Echo Input) und 4 AA-Batterien, um per Bluetooth-Kommunikation eine Verbindung aufzubauen und Sprachbefehle zu empfangen. Dann ist die Uhr in der Lage, unterschiedliche Timer und Erinnerungen mit Hilfe von 60 LED-Leuchten visuell darzustellen.

Bislang war Echo Wall Clock für einen Preis von 29,99 Dollar nur in Amerika erhältlich. Ab dem 6. August 2019 wurde Amazons smarte Wanduhr für 29,99 Euro auch in Deutschland angeboten.

Echo Flex

Das kompakte, quadratische Design (67 mm x 72 mm) von Echo Flex erlaubt es Ihnen, das smarte Gerät in jede Steckdose in dem Zimmer Ihrer Wahl zu platzieren – ganz ohne lästigen Kabelsalat. Damit können Sie überall und zu jeder Zeit auf die umfassenden Alexa-Features wie Smart-Home-Steuerung, Wetterdienste, Skills und Verkehrsinformationen zurückgreifen. An der Frontseite des Geräts sind eine Mikrofon-aus-Taste für Privatsphäre und eine Aktionstaste integriert. Wenn Alexa Ihnen zuhört, leuchtet eine kleine blaue LED-Leuchte auf und gibt die Sprachantworten via Mini-Lautsprecher an der Unterseite wieder.

Echo Flex ist vielseitig einsetzbar. So können Sie den digitalen Assistenten sowohl via Bluetooth als auch mit der integrierten 3,5-mm-Audiobuchse mit einem externen Lautsprecher verbinden oder mit dem USB-A-Anschluss an optionales Zubehör (z.B. Nachtlicht oder Bewegungssensor) koppeln. Darüber hinaus können Sie Echo Flex als zentrale Smart-Home-Einheit verwenden, um beispielsweise smarte Kameras, Fernseher, Lampen oder Steckdosen per Sprachbefehl zu steuern.

Amazon Deutschland hat zum 25. September enthüllt, dass Echo Flex am 14. November 2019 im Shop erhältlich ist und damit noch rechtzeitig zum Weihnachtsgeschäft. Es lohnt sich daher, rechtzeitig vorzubestellen, denn das Gerät erscheint zur Markteinführung zu einem Kampfpreis von nur **29,99 Euro** und dürfte vor Weihnachten rasch ausverkauft sein.

Echo Studio

Amazons Lautsprecher Echo Studio kann als Antwort auf den Google Home Max und Apples Ipod verstanden werden und richtet sich an anspruchsvollere Musikhörer. Zum ersten Mal in der Alexa-Geschichte wartet das Gerät mit Dolby Atmos Sound auf und unterstützt 360 Reality Audio.

Echo Studio verfügt über die Maße 175 x 206 mm und bringt etwa 3,5 kg auf die Waage. Unter dem Gehäuse aus dunklem Textilfabrikat sind 5 Lautsprecher integriert, die speziell dafür konzipiert wurden, kraftvolle Soundleistungen in hoher Qualität zu erzielen. Darunter zählen drei 51-mm-Mitteltonlautsprecher, ein 25-mm-Hochtonlautsprecher und ein 133-mm-Woofer mit Bassöffnung.

Wenn Sie mit dem Echo Studio 3-D-Musik mit Datenraten von bis zu 850 kBit/s abspielen möchten, müssen Sie über ein Abonnement von Amazon Music HD verfügen. Für Prime-Mitglieder kostet der neue Dienst 12,99 Euro monatlich, alle anderen Kunden zahlen 14,99 Euro. Eine Familienmitgliedschaft kostet 19,99 Euro. Wenn Sie ein Abo interessiert, können Sie bei Amazon einen kostenlosen Probemonat starten.

Durch die vollständige Integration des Alexa Voice Service können Sie mit dem Lautsprecher binnen Sekunden per Sprachbefehl Musik abspielen, Fragen beantworten, Begriffe definieren, Hörbücher vorlesen, Nachrichten, Verkehrs- und Wetterinformationen abrufen, über Sportergebnisse und Spielpläne informieren. Dank des integrierten Zigbee-Hubs können Sie mit der entsprechender Hardware Alexa ferner mit Geräten in Ihrem Haushalt vernetzen, um beispielsweise smarte Lampen, Ventilatoren, Lichtschalter, Steckdosen, Jalousien oder Thermostate per Sprachbefehl zu steuern.

Amazon Deutschland hat den Releasetermin für Echo Studio auf den **7. November 2019** für einen Preis von **199,99 Euro** festgelegt.

Noch nicht erschienene Echo-Produkte in Deutschland

Echo Look

Knapp 2 Jahre nach Markteinführung in den USA hat Amazon seine Echo-Produktfamilie um ein neues Mitglied erweitert. Das neue Gerät nennt sich "Echo Look" und wird 199 Dollar kosten. Damit liegt der Preis 20 Dollar über dem ersten Echo-Modell.

Auf den ersten Blick fällt auf, dass das neue Gerät deutlich schmaler ausfällt als die bisherigen Echo-Varianten. Die längliche Form rundet nach oben hin ab und ist in Schwarz-Weiß gehalten. An der Unterseite des Gadgets befindet sich ein Sockel, welcher an der Wand befestigt werden kann.

Der besondere Clou bei Echo Look: Das Gerät verfügt im unteren Bereich über eine eingebaute Kamera, welche von 4 LED-Lichtquellen unterstützt wird. Per Sprachbefehl lassen sich somit Fotos und kurze Videos erstellen. Allein die Sprachbefehle "Alexa, mache ein Foto" oder "Alexa, nimm ein Video auf" werden genügen, um die gewünschte Funktion auszulösen. Die Fotos und Videos können dann mit einem automatisierten Style-Check interagieren, dessen Ziel es ist, dem Nutzer bei seinen Outfits als eine Art Berater zur Verfügung zu stehen.

Des Weiteren werden die bereits bekannten Funktionen von Alexa – Musik, Wetterdienst, Nachrichten und Smart-Home-Integration – in ganzer Bandbreite zur Verfügung stehen.

In den USA kann Echo Look ab sofort via Einladungsverfahren vorbestellt werden. Wann und ob das Gerät in Deutschland erscheint, ist noch unklar.

Echo Tap

Ob eine Veröffentlichung des Echo Tap für den deutschen Markt geplant ist, steht zum aktuellen Zeitpunkt nicht fest. Dennoch soll Echo Tap an dieser Stelle Erwähnung finden, da er in den Vereinigten Staaten bereits seit dem 31. März 2016 zur Echo-Familie gehört und besondere Features bietet, die ihn von den anderen Echo-Varianten unterscheidet.

Mit einem Preis von 130 Dollar ist Echo Tap um rund 50 Dollar billiger als das Original-Modell, welches in den USA 180 Dollar kostet. Tap wird zudem in sechs verschiedenen Farben vertrieben (Schwarz, Weiß, Blau, Orange, Grün und Pink). Echo Tap verfügt über die Maße 159 mm x 66 mm x 66 mm, wiegt nur 470 Gramm und ist damit deutlich kleiner und leichter, als der Original-Echo. Sein komplett geriffeltes Gehäuse gleicht dem eines normalen Lautsprechers und ist im Inneren mit sieben Mikrofonen ausgestattet. Auf der Oberseite sind fünf Schaltflächen angebracht, die speziell auf Ihre Musikwiedergabe ausgerichtet sind und diese aktivieren oder pausieren, lauter beziehungsweise leiser stellen, zurück- oder vorspulen. Statt eines Lichtrings ist auf der frontalen Seite ein schmaler Lichtstreifen verbaut, der aus sechs kleinen Punkten besteht und blau leuchtet.

Der größte Unterschied zu den beiden anderen Echo-Varianten besteht darin, dass die Mikrofone von Echo Tap nicht mehr auf das Aktivierungswort reagieren und die ganze Zeit aktiv mithören, sondern sich ausschließlich per manuellem Knopfdruck einschalten lassen. Diese Funktionsweise wurde aus Gründen der Energieeffizienz etabliert. Echo Tap ist nämlich erstmals mit einem Akku ausgestattet, der einen mobilen Einsatz ermöglicht. Der Akku wird mit einer mitgelieferten Ladestation an der Unterseite aufgeladen und soll je nach Nutzung bis zu 9 Stunden anhalten.

Bei einer aktiven WLAN-Verbindung lässt sich das Gerät wie

Echo und Echo Dot mit dem Alexa Voice Service verbinden, reagiert auf Sprachbefehle und ermöglicht so Zugang zu Streaming-Diensten.

Echo Auto

Mit Echo Auto können Sie erstmalig die Features von Alexa während einer Autofahrt in Anspruch nehmen. In optischer Hinsicht erinnert das kompakte Gerät Echo Auto an einen USB-Stick, den Sie mit einer Halterung am Armaturenbrett Ihres Autos befestigen.
Acht Mikrofone im Gerät sorgen dafür, dass Alexa Sie trotz anhaltenden Fahrgeräuschen gut verstehen kann. An der Oberseite sind zusätzlich eine Mikrofon-aus-Taste und eine Aktionstaste integriert. Via Bluetooth oder einer 3,5-mm-Audiobuchse lässt sich Echo Auto mit Ihren Fahrzeuglautsprechern verbinden. Eine Verbindung übers Internet ist über Ihr Smartphone möglich.
Im Anschluss haben Sie wie gewohnt auf die gängigen Alexa-Features Zugriff und können während der Autofahrt per Sprachbefehl beispielsweise Musik und Hörspiele abspielen lassen, Skills benutzen, Nachrichten abrufen, die Verkehrsinformationen anhören und Ihre Listen sowie Kalendereinträge verwalten.
Aktuell wird Echo Auto in den USA via Einladungsverfahren an interessierte Nutzer zugesendet. Wann und ob das Gerät in Deutschland verfügbar sein wird, ist bislang nicht gesichert.

10. Problembehandlung

Alexa reagiert nicht auf Sprachbefehle.

- Wiederholen Sie Ihren Sprachbefehl.

- Verringern Sie eventuelle Hintergrund- beziehungsweise Störgeräusche beim Sprechen.

- Gehen Sie nah an das Gerät heran und sprechen Sie natürlich und deutlich.

- Achten Sie darauf, dass Ihr Echo Show mindestens 20 cm Abstand von Wänden, Fenstern und anderen elektronischen Geräten einnimmt, um möglichen Interferenzen aus dem Weg zu gehen.

- Trennen Sie Ihren Echo Show für kurze Zeit vom Stromnetz und schließen Sie ihn wieder an.

Alexa spielt ein falsches Lied ab.

- Prüfen Sie in Ihrer Alexa-App unter **Aktuelle Wiedergabe**, ob Alexa Ihren Wunschtitel richtig verstanden hat.

- Möglicherweise ist der gewünschte Titel bei Amazon Music, Prime oder ähnlichen Diensten nicht verfügbar.

- Überprüfen Sie, ob Echo die korrekte Zugriffsquelle für die Musikwiedergabe verwendet.

Alexa kann eine Frage nicht beantworten.

- Wiederholen Sie Ihre Frage. Möglicherweise hat Alexa Sie

nicht richtig verstanden.

- Probieren Sie Ihre Frage allgemeiner und simpler zu formulieren.

- Starten Sie Ihre Frage mit dem Wort "Frage", zum Beispiel: "Alexa, Frage: Wie hoch ist der Eiffelturm?"

- Es kann sein, dass Ihre Frage zum aktuellen Zeitpunkt zu spezifisch ist, sodass Alexa sie (noch) nicht beantworten kann.

Echo Show kann keine WLAN-Verbindung aufbauen.

- Überprüfen Sie Ihren WLAN-Anschluss.

- Überzeugen Sie sich davon, dass Sie Ihr WLAN-Passwort korrekt in der Alexa-App eingegeben haben.

- Stellen Sie Ihren Echo Show näher an den WLAN-Router heran.

- Trennen Sie Ihren WLAN-Router für 5 Sekunden vom Stromnetz und schließen Sie ihn wieder an.

- Trennen Sie Ihren Echo Show für 5 Sekunden vom Stromnetz und schließen Sie ihn wieder an.

- Prüfen Sie nach, ob Ihr Echo Show mit ihrem Amazon-Account verbunden ist (www.amazon.de/mycd > Mit Ihrem **Amazon-Account** einloggen > **Meine Geräte**). Schauen Sie nach, ob der Name Ihres Echos in der Liste auftaucht.

Echo Show hat Probleme, sich mit einem Bluetooth-Gerät zu koppeln.

- Überprüfen Sie den Akku Ihres Bluetooth-Gerätes und stellen Sie sicher, dass dieser ausreichend geladen ist.

- Achten Sie darauf, dass Echo Show und Ihr Bluetooth-Gerät während des Koppelns in geringem Abstand zueinander stehen.

- Platzieren Sie beide Geräte mit dem nötigen Abstand zu möglichen Störquellen wie Mikrowellen, Babyfone und anderen drahtlosen Geräten.

Ihre Bluetooth-Fernbedienung reagiert nicht auf Sprachbefehle.

- Setzen Sie Ihren Echo Show in den Kopplungsmodus und versuchen Sie erneut, eine Verbindung zu Ihrer Fernbedienung herzustellen.

- Nehmen Sie Ihren Echo Show vom Netz und stecken Sie ihn erneut ein. Versetzen Sie im Anschluss Ihren Echo Show erneut in den Kopplungsmodus.

- Möglicherweise sind die Batterien Ihrer Fernbedienung zu schwach. Setzen Sie zwei neue Batterien (AAA) ein und probieren Sie erneut, eine Bluetooth-Verbindung zu Ihrem Echo zu starten.

Echo Show kann keine Verbindung zu einem externen Lautsprecher aufbauen.

Anmerkung: Bluetooth-Lautsprecher, die einen PIN-Code benötigen, werden nicht unterstützt.

- Stellen Sie sicher, dass kein anderes Gerät mit Ihrem

Lautsprecher verbunden ist.

- Platzieren Sie Ihren Echo Show und Ihren Lautsprecher mit dem nötigen Abstand zu möglichen Störquellen wie Mikrowellen, Babyfone und anderen drahtlosen Geräten.

- Trennen Sie die Verbindung zwischen Echo und Ihrem Lautsprecher in der Alexa-App. (Einstellungen > Name Ihres Echos > Bluetooth > Wählen Sie Ihren Lautsprecher aus > Gerät verwerfen).
Versuchen Sie erneut, eine Verbindung herzustellen. Versetzen Sie dafür Ihren Lautsprecher in den Kopplungsmodus und sprechen Sie den Befehl "Alexa, Bluetooth koppeln" aus.

- Stellen Sie sicher, dass Echo Show mit genügend Abstand (ca. 1 Meter) von Ihrem Lautsprecher platziert ist, um adäquat auf Sprachbefehle reagieren zu können.

Echo Show lässt sich nicht mit einem gewünschten Smart-Home-Gerät verbinden.

- Sprechen Sie den Befehl "Alexa, finde meine Geräte" aus, um Alexa nach Echo-kompatiblen Geräten in Ihrer Nähe suchen zu lassen.

- Stellen Sie sicher, dass Echo Show mit Ihrem Smart-Home-Gerät kompatibel ist.
Dies erfahren Sie entweder über die Smart Home Skills der Alexa-App (Startseite > Skills > Smart Home) oder unter der Webseite **www.amazon.de/alexasmarthome**.

- Laden Sie sich die zu Ihrem Smart-Home-Gerät zugehörige App aus dem App-Shop herunter und richten Sie damit Ihr Gerät ein.

- Deaktivieren Sie sowohl das Smart-Home-Gerät als auch Ihren Echo für einen kurzen Moment und reaktivieren beide wieder.

- Schließen Sie sowohl die Alexa-App als auch die zugehörige App Ihres Smart-Home-Geräts für einen kurzen Moment und öffnen beide wieder.

- Stellen Sie sicher, dass sowohl das Smart-Home-Gerät als auch Ihr Echo Show das gleiche WLAN-Netzwerk benutzen. Öffentliche Netzwerke (bspw. Arbeitsplatz, Schule, Bibliothek) lassen eventuell keine Verbindung von unbekannten Geräten zu.

- Achten Sie darauf, dass Sie alle verfügbaren Software-Updates für Ihr Gerät heruntergeladen haben.

- Um mehrere Smart-Home-Geräte auf einmal zu steuern, können Sie in der Alexa-App (Startseite > Smart Home > Gruppen > Gruppen erstellen) einen Gruppennamen eingeben. Achten Sie dabei darauf, dass der Name von Alexa gut verstanden werden kann.

Echo Show führt einen gewünschten Skill nicht aus.

- Bei den meisten Skills ist es zum jetzigen Zeitpunkt noch erforderlich, sich genau an die entsprechende Befehl-Syntax zu halten. Erst mit der Zeit kann damit gerechnet werden, dass Alexas Sprachverständnis an Flexibilität gewinnt.

- Achten Sie auf die Kundenbewertungen des jeweiligen Skills. Möglicherweise wird das Programm teilweise fehlerhaft ausgeführt und bedarf einer Verbesserung des Entwicklers.

Ihre Probleme nicht gelöst werden, können Sie weitere Lösungshilfen in der Alexa-App abrufen (Startseite > Hilfe und Feedback) oder sich von dort aus an den Kundendienst von Amazon wenden.

Aktuelle Entwicklungen für Amazon Echo, Echo Show, Echo Dot und weitere Alexa-fähige Geräte können Sie auf der Webseite **www.digitalassistants.de** einsehen.

Mehr von diesem Autor

»Amazon Echo - Das ultimative Handbuch: Guide, Tipps und wichtige Funktionen«
(Als Taschenbuch und eBook erhältlich)

»Google Home: Das umfassende Handbuch: Anleitung, Home-App, Sprachbefehle, Chromecast, Smart Home, IFTTT u.v.m.« (Als Taschenbuch und eBook erhältlich)

»Google Home: Guide, Setup and Features (English Edition)«
(Als Taschenbuch und eBook erhältlich)

»Pokémon GO - Guide, Tipps und Kuriositäten: Das ultimative Handbuch« (Als Taschenbuch und eBook erhältlich)

Belletristik

»Sieben Tage für die Liebe: Roman«
(Als Taschenbuch und eBook erhältlich)

»Baby Joe erklärt die Welt – Mein erstes Jahr«
(Als Taschenbuch und eBook erhältlich)

Homepage
www.digitalassistants.de

Kontakt
facebook.com/tomschillerhof